large print
WORD HUNT™

VOLUME
eleven

PAPP
Intl., Inc.
PUBLISHING AND PRINTED PRODUCTS

PAPP
Puzzles

For more of our fine products, visit us at **www.pappintl.com**

Editorial and design team:
Monica Johnson, Bill Mersereau
Demetra Peppas, Carmen Wagner

PAPP International Inc.
177 Merizzi Street, Montreal (Quebec)
CANADA H4T 1Y3

How to solve a Word Hunt™ puzzle

Each puzzle consists of a grid of letters and a list of words. The objective is to locate all of the words hidden in the grid and (circle) them.

The hidden words can be found in any direction: **up, down, forward, backward, or diagonally.**

The words are always found in a **straight line** and **letters are never skipped.**

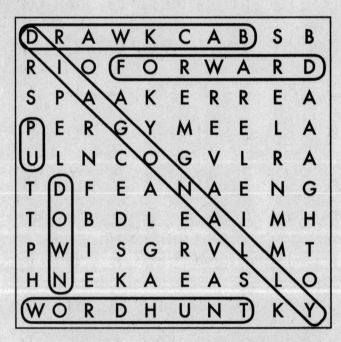

The spaces between compound words are removed. For example, **"WORD HUNT"** would be found in the grid as **"WORDHUNT."**

~~UP~~   ~~BACKWARD~~

~~DOWN~~   ~~DIAGONALLY~~

~~FORWARD~~   WORD ~~HUNT~~

To solve the puzzle, circle each word as you find it in the grid. Then cross it off the list, and continue until every word has been found.

Yoga

```
C R O W A T R I A N G L E Q A
K S P H C S E A G L E J E H T
Z T P E N D A N T F C Y N S S
P A E E A I I N F O A L K Q G
H F T L L C A H A L F M O O N
L F L L G O O T M S W J T U I
C P I E T N C C N S O H D T H
W O K S X A A U K U C L A C T
E S B C H I L D S P O S E O A
P E H R W R B Y N T Z M H X E
X P Y A A O A I U U O W S A R
S L J N W S P S L N O R E H B
B U I E L L D H K I T B Z C R
C R P O T B I E W X T V K B E
U A G M E A Y S U L Y Y I Z O
```

ASANAS	COW FACE	HALF MOON	MOUNTAIN
BOUND ANGLE	CRANE	HEAD-TO-KNEE	PEACOCK
BOW	CROW	HERON	PENDANT
BREATHING	EAGLE	LOCUST	STAFF POSE
CHILD'S POSE	FISH	LOTUS	TRIANGLE
COBRA	FLEXIBILITY	MONKEY	WHEEL

Philosophers

```
S  M  S  E  R  M  I  L  L  E  I  B  N  I  Z
S  C  Z  A  H  U  I  F  L  T  S  A  R  K  O
T  U  U  X  Y  B  R  W  O  X  O  T  A  L  P
N  A  V  L  W  E  E  H  C  I  C  E  R  O  R
T  E  Q  R  E  E  L  N  U  L  V  S  P  C  V
A  S  P  U  U  D  R  E  T  M  U  P  G  K  G
S  S  B  I  I  S  I  U  K  H  E  S  P  E  N
G  U  E  Y  C  N  S  O  C  R  A  T  E  S  U
E  O  U  B  Z  U  A  E  G  R  E  M  S  O  R
E  R  E  N  B  S  R  S  L  E  N  B  M  Y  T
B  P  P  P  F  O  U  U  L  L  N  I  L  J  R
S  A  R  T  R  E  H  C  S  Z  T  E  I  N  L
T  I  C  O  M  T  E  A  B  D  G  N  S  D  U
M  N  I  O  U  Q  D  M  Y  E  E  R  A  I  T
Q  E  J  C  N  P  I  A  H  O  T  D  X  K  G
```

AQUINAS	DIOGENES	LEIBNIZ	POPPER
BACON	EPICURUS	LOCKE	ROUSSEAU
BENTHAM	HEGEL	MILL	RUSSELL
BERKELEY	HOBBES	NIETZSCHE	RYLE
CICERO	HUME	PAINE	SARTRE
COMTE	KANT	PLATO	SOCRATES

Eggs

```
O  P  L  S  R  A  S  B  E  A  T  E  N  C  K
P  C  C  U  S  T  A  R  D  W  F  D  P  S  K
U  B  A  W  Z  S  G  R  I  E  W  I  M  L  N
C  G  O  R  T  R  O  G  D  R  C  O  Y  O  V
G  V  I  I  T  S  T  O  E  K  W  V  A  L  M
G  R  N  G  L  O  H  V  L  K  L  O  Y  S  B
E  G  G  S  B  E  N  E  D  I  C  T  J  K  D
E  O  E  S  O  P  D  R  L  R  A  U  T  A  Q
S  P  M  L  S  M  O  H  E  L  A  G  D  L  Z
O  I  S  E  I  T  S  A  F  K  A  E  R  B  A
O  R  M  R  L  A  M  R  C  R  A  C  K  U  O
G  L  P  S  P  E  U  D  E  H  Q  P  D  M  R
F  R  I  E  D  N  T  Q  O  Z  E  O  Z  E  Q
L  A  K  C  N  W  H  I  S  K  E  D  O  N  H
S  F  R  Y  A  M  L  O  F  S  S  H  T  D  Q
```

ALBUMEN	CRACK	FRIED	POACHED
BASTING	CREAMED	GOOSE EGG	QUAIL EGG
BEATEN	CUSTARD	OMELET	RUNNY
BOILED	DUCK EGG	OVER HARD	SHELL
BREAKFAST	EGGCUP	OVOID	WHISKED
CARTON	EGGS BENEDICT	PICKLED	YOLK

Herbivores

```
L R R A B B I T E Z N M L L S
S K A Y R T B N E S R O H O O
R C O W X U D A P M S C S T G
Y A O A F R L H O P U H T I R
A A R F L J S P L O M I A S B
A Y A B G A U E E K A N O S Z
B L G R E U B L T A T C G H A
O P N M A Z I E N P O H E J M
G M A A B B G N A I P I F R O
D X K L E Z Y N E R O L F G A
O E G L A E D P S A P L A T S
T R E I V A T H A J P A R F A
N S O R E L E N R C I I I P W
H N S O R E C O N I H R G Z T
U P N G P S S S W R Q G O V R
```

ANTELOPE	COW	GORILLA	OKAPI
BEAVER	DEER	GUINEA PIG	RABBIT
BISON	ELEPHANT	HIPPOPOTAMUS	RHINOCEROS
BUFFALO	GIANT PANDA	HORSE	SHEEP
CAPYBARA	GIRAFFE	KANGAROO	YAK
CHINCHILLA	GOAT	KOALA BEAR	ZEBRA

Badminton

```
C R L A R I H S D O G V D E R
F E E L A N S E R V E R G A T
F A N P C D A N A W I S I B N
J Y U T K O M I G V L H A P H
D T E L E O S L E F Y U I I I
E W F P T R R E A Y R T P W N
J U O R L S L C L R L T S E P
T T R O P S C I P M Y L O B G
R F E J A R O V N S L E A H X
Q T H E A E U R Y E S C P R S
R A A C E H R E Z I K O O F H
Z P N T K T T S S H D C I H A
Y U D I N A Y P A S X K N A D
K C I L F E I N T D P T T I B
I B Y E R F D O U B L E S H J
```

BACKHAND	FAULT	INDOORS	RALLY
CENTER LINE	FEATHERS	LET	SERVER
COURT	FEINT	OLYMPIC SPORT	SERVICE LINE
DOUBLES	FLICK	POINTS	SHOT
DRAG	FOREHAND	PROJECTILE	SHUTTLECOCK
DRIVE	GRIP	RACKET	SMASH

Rich or Poor

```
S  L  T  A  P  L  U  S  H  S  I  V  A  L  W
S  V  A  C  Z  L  D  B  E  L  A  C  S  P  U
A  B  Y  T  R  E  V  O  P  X  C  F  U  A  Z
G  A  G  E  L  B  A  T  R  O  F  M  O  C  T
Z  N  N  G  N  E  E  D  Y  P  L  U  R  O  T
N  K  I  M  P  O  V  E  R  I  S  H  E  D  M
S  R  V  H  O  R  M  O  W  D  X  E  P  O  C
S  U  I  K  S  L  F  E  E  G  T  W  S  T  P
E  P  R  R  F  I  A  P  H  A  S  A  O  L  U
L  T  H  R  T  L  R  C  N  T  E  N  R  L  G
I  A  T  A  T  I  U  U  K  T  N  T  P  E  S
N  A  B  H  V  S  T  S  O  I  I  I  E  W  S
N  L  Y  E  N  R  T  R  H  L  N  N  R  Z  W
E  U  D  B  O  O  M  I  N  G  F  G  W  P  S
P  A  F  F  L  U  E  N  T  N  E  L  U  P  O
```

AFFLUENT	FLUSH	NEEDY	PROSPEROUS
BANKRUPT	FORTUNATE	OPULENT	THRIVING
BOOMING	IMPOVERISHED	PENNILESS	UPSCALE
COMFORTABLE	IN THE MONEY	PLUSH	WANTING
DEPRIVED	LACKING	POVERTY	WEALTHY
FLOURISHING	LAVISH	PROFITABLE	WELL-TO-DO

Scientists

```
U A T E D I S O N U O T M F T
Y T R V R I U R O U T O A R A
A P J G A E C P O E Q F N D U
D L K N N T J B U N X I O A D
A O O I R M A L V D T M T R S
R W W L E B E P M F Y G W W V
A E P U B R U N P H A R E I S
F L T A S S H N D L O E N N I
T L G P S G Q O I E A B R F J
J E E T T T N L B E L N F R R
T R J M Z U E I V K T E C T C
U O H T I O D U K G C S E K U
S O S K I N N E R W U I N V R
A M E R T Z G B K U A E R I I
M R B R R D F L T S F H R C E
```

BABBAGE	DARWIN	GALILEO	NEWTON
BERNARD	EDISON	HAWKING	PASTEUR
BOHM	EINSTEIN	HEISENBERG	PAULING
BOHR	EULER	LOWELL	PLANCK
CRICK	FARADAY	MENDELEEV	RONTGEN
CURIE	FLEMING	MOORE	SKINNER

Legendary Creatures

```
T I T B U N Y I P E A E V M H
C E N T A U R G Q I X R G S I
N R O C I N U J B A O N I H Y
O S U G S N S E S W O S D N A
G P M A R D H H E M N F R T R
R H E R T E E R E U I W Y J J
O I S G M O E A C E F B T F Z
G N C O A W N Y V H F E A V D
S X T Y O S C I A K I I S R B
E H L L A L U Z M E R M A I D
E L F E O W P S P Y G G A P H
S D X P H O E N I X O T L S T
U I S B U B O R R N E K A R K
F P Z A A Z C W E I B M O Z G
A E X T F S P R B R L M E N L
```

BANSHEE   ELF   KRAKEN   SATYR
BEHEMOTH   FAIRY   MERMAID   SPHINX
BUNYIP   GARGOYLE   MINOTAUR   UNICORN
CENTAUR   GNOME   OGRE   VAMPIRE
CYCLOPS   GORGON   PEGASUS   WEREWOLF
DRAGON   GRIFFIN   PHOENIX   ZOMBIE

Moons of Saturn

```
N Y H M N S A X A E D K R R Q
D A L L A A H K N V M I D D V
I H E O R L S A T U D O L K R
O L I G V T E T H Y S C Y E R
N J M E I A H I E C H K E Z S
E Z A T A R O D N A P B O Z S
S N A N Y V P A L L E N E L A
N N E M U O O D R Y O H B R L
W T R L T S T T I P J P R U Q
F T H F E M I M A S H F I J R
S E D A P H N I S O W X S M I
J E S X T A R Q E Q X P W I O
F E N R I R E B T J V N Q T Y
S O T S E L E T K P R G S R A
B H B L T T T K P J L S N L L
```

AEGIR	ERRIAPO	NARVI	TARQEQ
ANTHE	FENRIR	PALLENE	TARVOS
ATLAS	HELENE	PANDORA	TELESTO
CALYPSO	JANUS	PHOEBE	TETHYS
DAPHNIS	LOGE	RHEA	THRYMR
DIONE	MIMAS	SKOLL	TITAN

Courageous

```
G W D S R S S T R U L B Q H A
N A W A X Z G P W T W Q T H E
I A A U G A J R G M U T B O T
R N F U V D E T I R I P S Y Q
A L T E H A I Y J T C F P N F
D S T R A W L A T S T R O N G
Y L F I E R Y O R O V Y S R P
I A O Y Y P L Z R F H S U A F
S P B B E K I E E O A A O T O
P H E R O I C D S O U N R A R
K G P L I B S U O S G S U D L
H U O R R I G A L L A N T M Y
A O M A O N H R U P M X N P S
C T V A L I A N T U E L E I R
F E Q A S S U R E D F U V I P
```

ASSURED	FIERY	HEROIC	STRONG
BOLD	GALLANT	INTREPID	TOUGH
BRAVE	GAME	PLUCKY	UNAFRAID
COOL	GRITTY	RESOLUTE	VALIANT
DARING	GUTSY	SPIRITED	VALOROUS
FEARLESS	HARDY	STALWART	VENTUROUS

Computing Languages

```
Q  R  O  T  W  F  K  J  D  S  W  L  V  D  L
R  E  L  U  E  Y  E  E  E  I  R  E  F  S  G
G  I  A  C  Y  C  L  O  N  E  P  C  U  F  H
D  O  C  T  A  P  A  S  D  H  E  N  C  U  T
M  N  S  U  H  R  F  O  R  T  R  A  N  O  X
H  I  A  I  T  U  C  R  P  I  L  D  D  E  U
A  K  P  R  B  O  O  M  E  R  A  N  G  B  E
S  S  E  R  T  R  O  F  R  A  O  U  A  H  T
K  M  C  U  Y  R  R  X  R  U  V  B  V  I  N
E  O  A  E  E  B  E  A  W  A  B  A  S  I  C
L  H  Y  Z  Y  R  Q  B  H  A  O  Y  J  U  E
L  C  E  V  A  T  C  O  G  I  W  G  I  B  E
Z  R  N  O  C  B  O  E  Q  D  P  W  U  Q  N
P  A  N  O  H  T  Y  P  D  D  L  S  P  H  P
T  S  E  R  E  V  A  A  I  I  Y  A  R  R  E
```

ABUNDANCE   BIGWIG   EULER   OCTAVE
AUTOCODER   BOOMERANG   FORTRAN   PASCAL
AVEREST   CAYENNE   FORTRESS   PERL
BABBAGE   CHOMSKI   HASKELL   PHP
BASIC   CYCLONE   HUGO   PYTHON
BERTRAND   DELPHI   JAVA   RUBY

Frasier

```
I  R  A  Y  S  T  Z  S  O  T  G  L  W  N  K
D  Z  I  M  O  O  S  E  N  A  R  C  C  P  F
D  A  V  F  R  D  T  L  N  T  J  A  A  H  E
O  K  L  Q  M  A  R  I  S  H  S  K  T  C  L
T  V  R  I  J  Y  M  N  E  E  P  O  A  A  T
S  B  S  S  L  P  R  S  A  R  R  A  N  F  A
I  A  Q  R  S  I  O  T  A  A  E  O  D  E  T
Q  S  R  I  L  P  T  Q  A  P  D  O  N  N  Y
P  L  I  V  A  L  E  H  E  I  D  D  E  E  F
Q  W  I  A  E  B  E  B  H  S  H  Z  P  R  E
J  B  U  L  L  D  O  G  N  T  H  C  A  V  R
A  M  A  R  T  Y  M  O  C  T  I  S  Y  O  I
B  R  A  Y  A  V  O  D  R  R  I  T  J  S  S
L  L  R  A  A  L  O  C  H  E  E  R  S  A  P
L  S  O  P  O  Z  N  E  R  N  A  L  Y  E  S
```

BEBE	DONNY	MARIS	RIVALRY
BULLDOG	EDDIE	MARTY	RONEE
CAFE NERVOSA	ENZO	MOON	ROZ
CHEERS	FRASIER	MOOSE	SEATTLE
CRANE	KACL	NILES	SITCOM
DAPHNE	LILITH	PSYCHIATRY	THERAPIST

The Brain

```
S M I H A X O N S V I W O P S
E U S I Y G R E C E P T O R P
T B P T S P L X C B S I R T I
I A O M C L O I E O D L P U C
R L A L A E C T A L R L U T O
D A P M L C R O H L P T F P N
N N G I Y A O E N A C M E E S
E C T D Q G T P B T L E O X C
D E O B T S D N P E R A L C I
P T O R O M Y A O I L O M L O
O G G A R Y S N L R H L L U U
N M A I G E A Z A A F K U O S
S I G N A L S T E P T U K M S
O N O A N I E I G M S W A V T
I D N U C N E N O R U E N B B
```

AMYGDALA   CONTROL   HYPOTHALAMUS   PARIETAL LOBE
AXONS   CORTEX   MIDBRAIN   PONS
BALANCE   DENDRITE   MIND   PULSES
CEREBELLUM   FRONTAL LOBE   MYELIN   RECEPTOR
COMPLEX   GLIAL CELL   NEURON   SIGNALS
CONSCIOUS   HIPPOCAMPUS   ORGAN   SYNAPSE

Waterfalls

```
A I E Y T O I H T U A G I Y X
A K V S U G A K U W I H V T H
A S V Z H M M U T A R A Z I C
M S O U S W T G N I O N D N H
U U K E N W O R B H T N V K L
D O L H D L L L P I C O T I B
U T A Y A M A C L L I K I S L
D E T R A L K F L A V I P S Y
L E G N A S O A W U W M I O O
O R M G B G P K L I U S S G T
O T U G E L A F U A F E R A P
A N X A L N T I K I M R T N I
Y H M O P M A T N I K B R I U
S R A V A N A I T E D R O T T
P S N J V E U E L A R E T P X
```

AMSEL   GAUTHIOT   MUTARAZI   TINAGO
ANGEL   HALOKU   NIAGARA   TINKISSO
BROWNE   HANNOKI   OUZOUD   TUGELA
CAMAYA   HUKOU   RAVANA   VICTORIA
DETIAN   KALAMBO   SIPI   WAIHILAU
DUDUMA   KINTAMPO   SWALLOW   YOSEMITE

First...

```
S R N A R L H L C A P T I O A
Z P R C Z M A Y L R V C A Z N
N V O W O E N T A M O V E R T
I Y R M W K D N S U R Y P L B
G U E W A R U I S A I T S I Z
H N A S F R U I T S S T L R G
T D D B M P N E L I G H T C T
I L I M P R E S S I O N E N I
C P N A Y T P E R S O N A A U
D E G R E E E S Q R I A M Y G
U T B A O F L U H K A M F M I
P S Z S Q B Y A A O O E R F Y
K F N R P Z L C D I S R G D O
G B P I P F T Z A Y E F W A N
R X F B W P H E E H P K V A D
```

ACT	DEGREE	IMPRESSION	NIGHT
AID	EDITION	LADY	PERSON
BORN	FRUITS	LIGHT	RATE
CAUSE	GEAR	MOMENT	READING
CLASS	HALF	MOVER	STEP
COUSIN	HAND	NAME	TEAM

British Prime Ministers

A	R	P	S	N	I	E	D	I	E	S	R	R	G	R
M	Q	E	S	W	Q	T	E	L	S	T	K	G	R	W
L	M	R	M	O	H	T	A	E	H	U	R	N	I	U
T	T	P	E	R	C	E	V	A	L	U	M	I	A	E
I	I	A	L	B	N	E	T	R	S	T	F	N	L	V
C	D	P	B	H	R	C	P	S	W	N	T	N	B	M
N	H	F	O	D	H	O	E	I	I	A	B	A	A	C
O	D	U	U	E	O	L	L	D	D	A	L	C	A	A
N	B	L	R	P	L	S	T	D	L	F	D	L	H	M
G	F	A	N	C	O	M	I	D	O	O	L	S	T	E
M	E	I	E	N	H	N	W	U	N	A	E	A	I	R
P	A	D	D	T	G	I	R	A	G	L	E	T	U	O
G	E	J	F	T	N	S	L	H	F	Z	P	M	Q	N
N	E	N	O	T	S	D	A	L	G	H	N	Q	S	T
U	T	N	O	R	A	N	A	L	L	I	M	C	A	M

ADDINGTON
ASQUITH
ATTLEE
BALDWIN
BALFOUR
BLAIR

BROWN
CALLAGHAN
CAMERON
CANNING
CHURCHILL
DISRAELI

EDEN
GLADSTONE
HEATH
MACDONALD
MACMILLAN
MAJOR

MELBOURNE
PEEL
PERCEVAL
RUSSELL
THATCHER
WILSON

Roman Gods

```
S  F  P  D  R  J  P  C  U  T  G  T  X  P  P
F  N  F  T  A  R  U  D  K  M  E  R  E  E  R
P  E  S  L  I  S  I  P  I  E  J  L  B  U  U
P  P  A  A  O  S  U  N  I  R  I  U  Q  R  R
R  T  P  P  P  V  E  M  U  T  E  H  N  J  R
O  U  U  A  A  R  E  L  M  A  E  B  U  O  L
S  N  T  F  V  R  U  S  U  A  X  R  I  Q  K
E  E  N  A  C  L  U  V  T  C  N  P  E  L  C
R  N  R  U  T  A  S  V  M  A  R  U  A  S  T
P  R  R  N  K  P  L  E  M  U  R  E  S  Z  V
I  Y  U  U  V  O  F  N  O  M  E  E  H  H  N
N  P  Q  S  R  L  S  U  N  A  J  T  X  H  U
A  N  A  I  D  L  N  S  E  R  E  C  T  H  U
F  S  U  C  R  O  T  I  A  S  O  U  A  Q  O
P  R  R  R  S  S  F  R  P  W  J  T  H  L  R
```

APOLLO	JANUS	MERCURY	QUIRINUS
CERES	JUNO	MINERVA	SATURN
DIANA	JUPITER	NEPTUNE	SUMMANUS
DIS PATER	LEMURES	ORCUS	VENUS
FAUNUS	LIBER	PRIAPUS	VESTA
HERCULES	MARS	PROSERPINA	VULCAN

'Fore' Words

```
T  J  W  O  N  K  E  R  O  F  C  L  T  E  X
S  U  I  H  C  R  H  S  O  K  F  N  F  O  E
A  C  E  F  I  F  O  R  E  M  O  S  T  P  I
M  I  M  O  S  Q  E  F  O  R  E  H  A  N  D
E  F  A  R  N  B  D  F  F  F  F  F  F  J  E
R  O  N  E  E  T  Y  E  O  O  O  O  F  T  S
O  R  E  A  R  O  R  R  R  R  R  R  O  S  G
F  E  R  R  O  O  E  E  E  E  E  E  R  A  R
O  F  O  M  F  W  C  S  S  R  N  S  E  C  L
R  I  F  O  O  L  H  E  I  U  O  H  T  E  X
E  N  E  R  O  O  E  Q  G  N  O  A  E  R  Y
B  G  D  S  R  P  Z  F  H  N  N  D  L  O  Y
O  E  U  T  E  S  A  G  T  E  L  O  L  F  Z
D  R  E  F  O  R  E  V  E  R  S  W  X  R  N
E  N  A  M  E  R  O  F  D  W  A  P  R  G  U
```

FOREARM	FOREFRONT	FORENAME	FORESHORTEN
FOREBEAR	FOREHAND	FORENOON	FORESIGHTED
FOREBODE	FOREKNOW	FORENSIC	FORESTRY
FORECAST	FOREMAN	FORERUNNER	FORETELL
FORECLOSURE	FOREMAST	FORESEE	FOREVER
FOREFINGER	FOREMOST	FORESHADOW	FOREWORD

Collective Nouns

```
U D B E T E O R A A U J S S B
M X R Q S P E R X F U A O P P
E H S E C O M P A N Y S X M S
B E N C H Y E L B B A R C S Y
I O F U O G N I W O L L E B T
R T X K O A N W M U U N A S V
T C P B L G A I T S I Q H H T
K F L A N G E H T T R O U H P
A Q L Q A L Y E S P A R C E L
Y Q X O V E R A I L I S O M T
L O P S C R H M R A H C L R H
I T D F P K D V G A R O O A G
H E L U I N K W H S F O N W I
E X I R E F A U T N P T Y S L
O B T W U R F K P L I K O W F
```

ARMY	COLONY	GRIST	RAFT
BELLOWING	COMPANY	HASTINESS	SCHOOL
BENCH	FLANGE	HERD	SHOAL
BOUQUET	FLIGHT	PARCEL	SWARM
CHARM	FLOCK	PHALANX	TRIBE
CLUSTER	GAGGLE	RABBLE	TROOP

'Able' Words

```
Z E L B A I M A T Q A S A T X
E G L N F E G P D R E O O J W
U N A B L E L V A R L C S A S
H D E B A T A B L E B I I T X
V O R D L W L P A R A A A A E
I S R I R E E L L I L B W D N
T R J I N T L H E A L L O O V
G E E E K B E C E Y E R R I
B A L L O W A B L E S A R A A
D D B B W T T B V B A I B B B
S A A A A T E E L B A N E L L
F B P X O C G S R E A T R E E
F L A A E L E L B A B O R P G
N E C T R O V N O W F L D O T
P H G T B V T P E U J P Y U P
```

ADORABLE	CHEWABLE	GABLE	SOCIABLE
ALLOWABLE	DEBATABLE	PLAYABLE	STABLE
AMIABLE	DRINKABLE	PORTABLE	SYLLABLE
ARABLE	ENABLE	PROBABLE	TAXABLE
CABLE	ENVIABLE	READABLE	UNABLE
CAPABLE	FABLE	RELIABLE	VEGETABLE

Sculpting

```
E S M M J T H T T A Q O U T S
T P A E G K K A P L I N T H T
Y M K T L L M L Z L D P S L O
Q X R A F R A J S X E T A L N
C I O L S S Q S T B R O N Z E
R T W P T S U C S S U A T S T
R A T E Q V E O I Y T K R P C
K E R C M F T M I W A A D O O
R K A A A I T P B E M L T S P
E C N S R R E O X L R I C U P
P S I T B I V S R D A E T G E
T R T I L N A I K I G G T R R
F E A N E G T T N N J P E I X
T F P G M O D E L G Z G R I A
V O Q W D R E S I N P L R T T
```

ARMATURE
ARTWORK
ASSEMBLAGE
BRONZE
CARVING
CASTING

CLAY
COMPOSITES
COPPER
FIRING
GLASS
LATEX

MAQUETTE
MARBLE
METAL
MODEL
OILS
PATINA

PLASTER
PLINTH
RESIN
STATUE
STONE
WELDING

Comets

```
A S A I L T R E R R R F H F Q
T Y P P T Z W F I N L A Y F E
L U D A R R E S T L L J C P U
E A T I U E S Y L L E R R O B
Y N L T O K T E E I O I S K A
A Y C A L C P Y M M T C N L M
F S E K B E H U M L H L E A X
P U R D E N A E I A O I U N D
H R U B R N L T U R B H J E T
P U I E S I F M I A S M M S N
A I M T N W A L Y I E N I R J
A K R A A S K O O R B S N O P
S T K Q S N P W R W R J D R A
R L O E T O O B P I O R U B L
V R S P Y P N D H J F O O R P
```

BIELA	DONATI	HOLMES	PONS-BROOKS
BORRELLY	ENCKE	HUMASON	PONS-WINNECKE
BRORSEN	FAYE	KOPFF	SCHAUMASSE
CROMMELIN	FINLAY	MRKOS	TUTTLE
D'ARREST	FORBES	NEUJMIN	WESTPHAL
DANIEL	HALLEY	OLBERS	WOLF

Craters of the Moon

```
A T I E H R T P P A V L R A S
E P H S U C I N R E P O C Q E
M O R E T U S U N E R G N A L
A I E H B Q P D I E L N S Q E
M S S E T I E A T H S F C P U
T T U Y A L T A N U U S O I C
E D C I I E S R E M N D N T U
Z H R N V Z T L G B I R E A S
O R U A M A R F R O G A M T J
R S B H K U L I A L A C X U B
J F L R S C S C W D M I U S A
A L I S S U I V A T E P T C I
X M E T I U S H C O C R F S L
P L I N I U S E C U E P N I L
L K H S T A D I U S H B R O Y
```

BAILLY
CLAVIUS
COPERNICUS
FRA MAURO
HUMBOLDT
JANSSEN

LANGRENUS
MAGINUS
METIUS
MORETUS
PETAVIUS
PICARD

PITATUS
PLINIUS
RHEITA
RUSSELL
SCHICKARD
SELEUCUS

STADIUS
STOFLER
THEBIT
TYCHO
VENDELINUS
WARGENTIN

Breeds of Chicken

```
N D A R A A N A C U A R A U I
I M S S D N A O A H Q F L W T
H A G N U H O R Y O U N P N B
C A Z N A L B C M U I O H U H
O W T P A R M U N D T T O H C
C E O A J E A T B A A G E A R
T L O N V T T M A N I N N Q P
W S I N R N N L K L N I I A R
C U B A L A Y A L U E P X L K
A M A N V B D F V L Z R E O E
M E M K W A D L E A S O R Z U
P R A I K R I E A F T L I R I
I D R N D B S C X V S L M C R
N S E I A A U H S O R L O F F
E D S I L K I E D N I K E P U
```

ANCONA
AQUITAINE
ARAUCANA
ASEEL
BLANZAC
BRABANTER

CAMPINE
COCHIN
CUBALAYA
HOUDAN
KADAKNATH
LA FLECHE

MARANS
NANKIN
ORLOFF
ORPINGTON
PEKIN
PHOENIX

POLTAVA
SERAMA
SILKIE
SULMTALER
VALDARNO
WELSUMER

The Potato

```
Z  G  O  A  R  A  C  X  E  T  N  A  S  T  W
L  O  Y  K  K  D  E  H  S  A  M  J  E  A  A
Q  A  A  Y  O  T  C  N  I  C  M  L  T  R  Y
T  R  R  A  U  H  S  B  I  P  N  I  P  O  N
E  A  H  B  N  K  G  R  O  C  S  W  T  O  I
C  T  E  C  L  O  O  N  A  M  O  R  P  S  S
U  R  T  X  R  S  F  N  M  E  O  L  I  T  E
S  F  D  A  T  A  L  R  G  V  L  N  A  E  L
A  H  E  S  R  E  T  S  A  O  R  P  L  R  F
X  J  S  U  T  P  T  S  N  M  L  B  L  A  F
O  A  I  V  S  E  J  W  A  E  O  D  N  I  A
N  Q  R  E  A  C  M  S  F  I  I  Y  A  E  W
U  W  E  M  E  T  T  O  L  R  A  H  C  M  P
T  D  E  K  A  B  O  E  P  D  Z  I  T  A  S
F  D  L  L  R  D  D  X  J  Y  T  N  C  T  P
```

ANYA	DESIREE	ROASTERS	STARCH
BAKED	ESTIMA	ROMANO	STEAMED
BOILED	MARFONA	ROOSTER	TUBERS
CARA	MASHED	SANTE	WAFFLES
CHARLOTTE	NICOLA	SAXON	WILJA
CHIPS	RATTE	STAPLE FOOD	YUKON GOLD

Stamp Collecting

```
U X P Z P I O A Q P I Y L Q Z
S I P I P E F R R A Q P P M V
N L L K R A B X D N C O M A Y
O I A D H E S I V E F S D R H
I T T V W R E P R I N T O G L
T H E J O B L Y A I R M A I L
A O U H K R A M R E T A W N I
N G L S R M P C U E K R G T R
I R A O P E K P K G G K U X G
M A V S D E T T A S M R P U S
O P E E E A C T A O T I O O D
N H C G S S V I U S N A T F F
E Y A N U W U N M G I A M H O
D E F I N I T I V E M S T P R
S E V H U S D R E D N I L Y C
```

ADHESIVE
AIRMAIL
APPROVALS
BACKSTAMP
CYLINDER
DEFINITIVE

DENOMINATION
FACE VALUE
FORGERY
GRILL
GUM
GUTTER

HINGE
LITHOGRAPHY
MARGIN
MINT
MOUNTS
PANE

PLATE
POSTMARK
REPRINT
SPECIMEN
UNUSED
WATERMARK

Ghost Towns

```
T F E L Z A T Q T U I O P R L
U N W O T G O D G J V V U D E
U H L U C B A L T I M O R E F
O O D I K S G R A X S Y I U T
G E H E O G U I L B T U S J A
O R R C W O A U I O U J S D T
L C A A A O F I W Q C L I R L
H O O N N C R N R R U K M E I
S T T R V D I T B D R A A S P
Y J A A W I A P R P I D K S X
O B E E V I L L E E F W L E L
B L N D H Y N L L I M P E R R
M T U G W A R R E N T O N N B
A N I T A T O L I A N O N J Y
N G R U B S D N A R R T S T D
```

AGUA FRIA
AMBOY
ANITA
ATOLIA
BALTIMORE
BEEVILLE

CORWIN
DOGTOWN
DRESSER
DRYTOWN
DUNN
GARLOCK

GRANVILLE
HEATH
LEADFIELD
NEW IDRIA
PICACHO
PURISSIMA

QUAKER
RANDALL
RANDSBURG
SKIDOO
TREMONT
WARRENTON

Anniversary Gifts

```
D L O G U U U R P C I T Y T L
A L M E Y E J Y L J M B W N A
Q L A T S Y R C T M R T S B P
U L A R U B Y I R O N J I E X
A A P C E S R S N E N I L I E
M S F U E M R Z I L S I R B X
A N T I Q U E S I L V E R K Y
R S P R E H T A E L K A C U D
I A E F B A N C R Y R O V I R
N I A L E C R O P O L H A A E
E D R O I V T R T C L M A X W
Q S L W L T P A I T O R U A Y
Z A L E B B X L M N O U T R E
R R C R K S O E D Q G C B X O
S R M S T V F U T F H S E H L
```

ANTIQUES   CRYSTAL   IRON   PORCELAIN
AQUAMARINE   DIAMOND   IVORY   RUBY
BRONZE   EARRINGS   LACE   SILK
CLOCK   EMERALD   LEATHER   SILVER
CORAL   FLOWERS   LINEN   TEXTILES
COTTON   GOLD   PEARL   WATCH

Conductors

```
I  S  R  D  V  T  T  E  T  O  G  P  R  A  W
A  N  K  L  E  I  B  E  R  W  R  M  H  U  U
L  A  H  C  M  E  H  T  A  A  L  C  H  G  U
I  M  A  D  O  J  C  L  T  E  H  B  T  S  O
E  M  R  N  G  C  T  T  V  A  K  E  O  R  A
D  U  D  A  M  E  L  I  I  U  T  E  Z  H  K
A  S  I  W  R  E  N  L  B  H  S  C  T  L  M
S  N  N  A  M  E  L  E  I  H  T  H  O  H  T
E  I  G  O  E  Y  L  U  S  W  U  A  S  W  T
N  V  W  M  S  I  K  A  R  K  A  M  Q  S  T
U  E  L  I  K  N  R  E  D  N  A  Z  O  I  X
U  R  L  U  Z  G  A  L  S  O  P  L  T  A  C
O  P  X  G  E  O  O  J  U  J  T  A  K  M  L
T  A  I  N  I  L  U  I  G  I  L  B  E  R  T
M  U  T  I  R  Z  T  L  R  Z  O  P  R  A  H
```

ALSOP	GIULINI	MAKRAKI	SOLTI
BEECHAM	HARDING	MEHTA	THIELEMANN
BOHM	JANSONS	MUTI	WALTER
CHAILLY	KLEIBER	PREVIN	WAND
DUDAMEL	KUBELIK	RATTLE	WILLCOCKS
GILBERT	LEVINE	SARGENT	ZANDER

Our Planet

```
R E I L G E N O I T U L L O P
F J N A T N R A D I A T I O N
S E S E N O L C Y C M A G T E
V E R T G Z R D U O L C H S Q
S T S E R O F N I A R I T B T
W R C V H A R S A E R D N O R
Q O J A U P T D S D L R I S Z
T X B M R U S O Y A O A N C O
G Y T N R B U O S H O I G W N
R G L E I R O U M P A N M A N
A E I Z C A R N K T H Z U P J
V N O E A X R A N X A E F C A
I A S H N B A U R O R A R O R
T W R O E N O N I T R O G E N
Y O K J J M P Y I B T S R V Y
```

ACID RAIN
ATMOSPHERE
AURORA
CARBON
CLOUD
CYCLONE

GASES
GRAVITY
HURRICANE
HYDROGEN
LIGHTNING
MOISTURE

MOUNTAINS
NITROGEN
OXYGEN
OZONE
POLLUTION
RADIATION

RAINBOW
RAINFORESTS
RESOURCES
SOIL
STRATOSPHERE
TORNADO

Boats

```
U E R R C T R R E T T U C N P
J H F U R A V P B O B O O R L
R R Y F R I G A T E R R I R Q
O I G D L T R D R A Y R R E F
L Y V R I G R D C U A E T A B
R O S E E P U L R N E N G P D
K K N D R S E E E R H O P U L
W D R G H B K B Y R O O N B R
C T O E B A O O O G U H O D E
A R L R Y O Y A R A S C R R P
N S U A Y B A T T L E S H I P
O S K I F F C T S L B H J F I
E Q O S S U H J E E O F R T L
O F N Q U E T R D Y A I Z E C
U T J P N A R A M A T A C R T
```

BARGE	CORACLE	DRIFTER	LONGBOAT
BATEAU	CRUISER	FERRY	PADDLE BOAT
BATTLESHIP	CUTTER	FRIGATE	RIVERBOAT
CANOE	DESTROYER	GALLEY	SCHOONER
CATAMARAN	DORY	HOUSEBOAT	SKIFF
CLIPPER	DREDGER	KAYAK	YACHT

Weights and Measures

```
E S J G G V T N O R C I M S Y
R I U S U K M O U Q J V A A Y
Z V K M R F B A N G S T R O M
H K E H A P L H E K K D G S T
Q C O G M S Q U A R E F O O T
E R A A C R E L I B O S L Y F
O P R U M W P Z U D P M I J M
X R L G L Q N S T A O L K V N
H O P E H G H Q X L R U S R G
K E S A A E O U E S D F N W L
N W N L L G C R O Q O N A C R
S D L A O U U T O F R O E E E
A O S H B L T E A S P O O N T
N L L I E X A S V R T P R U W
W C T R A U Q M I L E S D Y R
```

ACRE
ANGSTROM
BUSHEL
CUBIT
DROP
FLUID OUNCE

GALLON
GAUGE
HAND
HECTARE
KILOGRAM
KNOT

LEAGUE
MICRON
MILE
MOLE
QUART
REAM

ROD
RULER
SPOONFUL
SQUARE FOOT
TEASPOON
YARD

Visiting the UK

```
A A A I D L E I F F E H S C T
Y R O H T C O Q V E I T W A B
R E T S E H C N A M L A A M E
U X G E D R O F D A R B N B L
B N P D N A E L F O Q E S R F
S N R L I I F F A I N C E I A
I K E E Y R L Y O E D E A D S
L V C B D M B M R R E R Y G T
A P M I G O O R R T D D A E I
S K A L N I M U E E N A C C U
O T H E T U B E T W F E A U E
P O R T S M O U T H O N V Q O
G T U A N O T P M A H T U O S
E O D M A H G N I T T O N D C
A B A N G O R E T E X E T O I
```

BANGOR	CARDIFF	LONDON EYE	SHEFFIELD
BATH	COVENTRY	MANCHESTER	SOUTHAMPTON
BELFAST	DUNFERMLINE	NOTTINGHAM	SWANSEA
BIG BEN	DURHAM	PLYMOUTH	TATE MODERN
BRADFORD	EXETER	PORTSMOUTH	THE TUBE
CAMBRIDGE	HEREFORD	SALISBURY	TOWER BRIDGE

The Casino

```
K G V C O K P Q P P S E A N M
T A W R D E L F F U H S S D Q
A M R E K C I K U O A I F S S
I B E K D I S C U T C A R D S
U L L N R R D S C S N R B Z T
F I A A A D E C H U W S O R M
S N E B C E U I I Z O B E L A
S G D A D K V L P E D M T S S
L S U G L L J R S U W W I P S
A N E N I H C A M T O L S R S
A R I M W S A S C P H R M R A
S T I L T S I T A K S E C E L
W T T T L B L I N D S U K G S
S B A C C A R A T O P K C A J
Z J T R E N R W E S A H S W R
```

ALL-IN	CHIPS	JACKPOT	SHUFFLE
ANTE	CROUPIER	KICKER	SLOT MACHINE
BACCARAT	CUT CARD	LIMITS	TILT
BANKER	DEALER	RAISE	TWO PAIR
BLACKJACK	GAMBLING	RAKE	WAGER
BLINDS	HOUSE EDGE	SHOWDOWN	WILD CARD

Wrestling Moves

```
F L A T L I N E R S U P L E X
M B X M R Z G T T U B D A E H
C A N N O N B A L L U C R W H
H R E T S U B E C A F O E R C
T C K X A R M L O C K I D B N
K N N I P S E N A L P R I A E
V O E U L S N P A I C B L V R
P T E L P E O H L R L I S A W
E S D R L O O E O L S G K L T
E O R S C M D S X J L B C A U
W B O S A R S A Z I S O A N G
S N P R I F L P N T R O B C K
G Y O V A R M S T R E T C H L
E L E C M A L S Y D O B A E V
L R E E D O U B L E S T O M P
```

AIRPLANE SPIN
ARM LOCK
ARM STRETCH
AVALANCHE
BACKSLIDE
BIG BOOT

BODYSLAM
BOSTON CRAB
CANNONBALL
CROSSFACE
DOUBLE STOMP
FACEBUSTER

FLATLINER
GUTWRENCH
HEADBUTT
KNEE DROP
LEG SWEEP
MATRIX

NELSON
OKLAHOMA ROLL
PILEDRIVER
SCOOP
SUPLEX
TORNADO PUNCH

The Caribbean

```
S H S T T I K T N I A S O O F
O C A Y M A N N I C P B I Q H
T T R I S F E E R M I A K T G
S E U B T V B C O R T R N R D
L P D A I I I N D K A B A P T
Y U N S Z S T I W L G A V W T
P O O Q L S S V V R N D A T R
C L H A E L A T E G Z O S N I
A E N R A T R N U R O S S C N
Y D R N O K A I T P V S A D I
S A D B Y D L A C I N I M O D
T U A N A L L S C R G E A T A
T G T J A M A I C A E U H A D
O B L P W S L U I I Q Y A L R
C W A B U R A D U B R A B C E
```

ANGUILLA   BIRD ISLAND   HAITI   NEVIS
ANTIGUA   CAYMAN   HONDURAS   REEFS
ARUBA   CAYS   ISLANDS   SAINT KITTS
BAHAMAS   DOMINICA   JAMAICA   SAINT VINCENT
BARBADOS   GRENADA   MONTSERRAT   TOBAGO
BARBUDA   GUADELOUPE   NAVASSA   TRINIDAD

Recipe Words

```
G E V L P A H E U X U F U L E
N U N T P C O O K M I S I E O
A M R D S R K V U A Q B I R B
K S I H W E Y C B D B M L K U
Y T A E B A O L A O E S X G A
J N N R E M M I S L I C E T T
Z E A D B E D N T F I S O P T
G I E I A F K N E A D J Z T V
O D N S W E L S E F F A K J V
O E U C A C R P X L O E S Y X
G R A T E E U P B U B A P O W
E G U P O U R O S K T D T H A
T N R O W E I G H S A M P J X
S I A X L L T T U Y Q N I S A
W H D L F F S R P S V J J Y L
```

BAKE	COOK	KNEAD	SIMMER
BASTE	CREAM	MASH	SLICE
BEAT	FLOUR	MEASURE	SPREAD
BLEND	GRATE	MELT	STIR
BOIL	GREASE	POUR	WEIGH
COMBINE	INGREDIENTS	SIFT	WHISK

London Underground

```
J E U V N W O T N O T C A Q A
O M I D O O L K B O V K D W B
L B O N D S T R E E T M I A I
L A H R G N M G L N I X R T R
I N Y C N G R L N L T K I E S
H K A O I T U O E I I O P R F
S M W V R W B E B N D U N L B
T E H A R K N O G L Z D Y O M
N N C L A D R E U E O R A O K
A T R T F O L A E P F H O P Q
G R A P U V U R P R R R T L N
G C E G U X B R I D G E Y E I
I I H W A N S T E A D A A G O
O H A I N A U L T A L M N N A
U L N O T S U E T A G D L A J
```

ACTON TOWN	BOROUGH	GREENWICH	OVAL
ALDGATE	BRIXTON	HAINAULT	PADDINGTON
ANGEL	EMBANKMENT	HOLBORN	PARK ROYAL
ARCHWAY	EUSTON	KENTON	UXBRIDGE
BARKING	FARRINGDON	MILE END	WANSTEAD
BOND STREET	GANTS HILL	MOORGATE	WATERLOO

Chemical Compounds

```
G  A  O  S  X  R  E  M  Y  L  O  P  T  O  H
R  J  A  B  M  E  N  T  H  O  L  A  G  S  G
Y  P  J  E  P  E  I  I  H  T  J  N  L  Y  I
C  Y  A  N  I  D  E  A  H  A  R  E  Y  H  I
A  G  A  Z  K  I  F  A  Q  T  N  G  C  T  T
M  L  L  E  E  X  F  A  S  P  I  O  O  E  W
I  X  K  N  T  O  A  A  A  O  C  C  L  S  G
D  U  A  E  O  I  C  T  H  T  T  Y  E  O  Z
E  Q  N  R  N  R  H  S  A  A  D  L  Z  L  M
O  I  E  O  E  E  P  N  X  S  L  G  X  U  L
D  N  M  A  X  M  E  Y  A  H  S  I  S  L  A
Q  M  D  E  L  I  P  I  D  R  E  F  D  L  M
A  W  N  I  S  R  E  T  S  E  J  T  U  E  H
M  E  T  S  O  T  I  F  I  U  R  M  O  C  V
U  T  O  T  X  S  Q  T  L  I  W  O  J  A  L
```

ALKANE	CAFFEINE	GLYCOL	MENTHOL
ALKENE	CELLULOSE	HALIDE	OCTANE
ALUM	CYANIDE	HEXENE	OXIDE
AMIDE	ESTER	KETONE	POLYMER
AMMONIA	ETHANOL	LECITHIN	POTASH
BENZENE	GLYCOGEN	LIPID	TRIMER

Change

```
A T N E M E N I F E R V C T R
R R N M O D I F I C A T I O N U
D E V E L O P M E N T O N W O
I M H C T I W S L P Y U V R R
F T P A L A R E M E H P E K E
F S Z A B N M N E O E G R R N
E U S B I O O O D A M R S E E
R J H J P V U I R U Q A I V W
E D I A E A V T T P L D O O A
N A F L D E F A F C H E N L L
C A T A R V T V R A E O F U U
E Y P S D I A O R I C R S T C
S T I E O A I N H T E E R I B
O T S N R U T N C E R T S O S
Y Y W N O I S I V E R F Y N C
```

ABOUT-FACE	DEVELOPMENT	MODIFICATION	REVOLUTION
ADAPT	DIFFERENCE	MUTATION	SHIFT
ADJUSTMENT	DIVERSITY	NOVELTY	SWITCH
ADVANCE	EPHEMERAL	REFINEMENT	TURN
CONVERSION	INNOVATION	RENEWAL	UPGRADE
CORRECTION	METAMORPHOSIS	REVISION	VARIETY

A Box of Crayolas

```
E M A M R Q X U N E E R G D K
P A N Y U N T U R Q U O I S E
T G U W R L L T E D L Y C E G
N E A C O P P E R D E A R L N
L N L P E R I W I N K L E T A
Y T T R N W B L A C K P D O R
B A Q U A M A R I N E U N U O
Q I R R V C N R E F Y R E C S
W S H G Y O S N M V R P V P X
P H U G B G I R H O A L A C K
R C I T L I L N K C N E L A Q
H U P T U J V A D E A P B I V
A F R Z E C E E J I C E P L R
R L D I H C R O V B G N P X V
Y S R G L T D E T A E O R G G
```

AQUAMARINE	FUCHSIA	MAGENTA	PLUM
BEAVER BROWN	GOLD	NAVY BLUE	ROYAL PURPLE
BLACK	GRAY	ORANGE	SCARLET
CANARY	GREEN	ORCHID	SILVER
COPPER	INDIGO	PEACH	TURQUOISE
FERN	LAVENDER	PERIWINKLE	WHITE

Must-See Cities

```
Z R U A C A M E Z W S Q L L A
K L N I A A E O L Z U K E V N
R O M E I L C Q S K W B T E T
U N K G R U C H N C E I L O R
X D S G O B A R E S O T W R N
J O N E N N D W W U O W K P I
H N W F G A B T Y B G X T U L
H M S H C T B A O J Q A O S R
M O A A M S T E R D A M R S A
T I N D G I P R K C R A O P R
I A A G R E T P T M E T N O U
S B D M K I V S A K G L T Y E
R U U T I O D S R R I A O T R
O D U B L I N I A V I E N N A
W N L O S A N G E L E S V O A
```

AMSTERDAM
BANGKOK
BARCELONA
CAIRO
DUBAI
DUBLIN

HONG KONG
ISTANBUL
KIEV
LAS VEGAS
LONDON
LOS ANGELES

MACAU
MADRID
MECCA
MIAMI
MOSCOW
NEW YORK

PARIS
PRAGUE
ROME
SHANGHAI
TORONTO
VIENNA

On Facebook

```
C S T S O P S U T A T S P E L
X R X H L I K E F S S J W N A
S D G A P L R A R U E K O P T
V S N R X M Z P B P H U E D T
I I W E S S H S R D C P Q E S
D A N T I O C I O O M J V E P
K U X G T R V U M P F E T F R
E A L O I A F M K P N I O S X
J S S B C K E D S T A T L W G
A A E Y C N N M D E V O M E R
Z P N O T I F I C A T I O N O
K E L F S E M A G T W A L L U
R B C V E F R S J O I N D A P
S P N F F G F R L U L O P P S
M Z U G I K X N A U R E R K U
```

ADD FRIEND   JOIN   POKE   SHARE
BLOCK   LIKE   POSTS   STATUS
COMMENT   LOG IN   PRIVACY   SUBSCRIBE
EVENT   NEWS FEED   PROFILE   TERMS
GAMES   NOTIFICATION   REMOVE   UPDATES
GROUPS   PHOTOS   REQUEST   WALL

Chemical Elements

```
A L E Q Z I C J R K O W T A V
O E N I Z A W S Y N H C F U W
I K I N R I L A T E S H E Y P
T C D B M E R C U R Y R R R S T
L I O E Z P Z J S D T O S R L
A N I R I P H I R S F M P M A
B E M Y R R O O N O R I M A R
O G U L C N G T S C P U U G N
C Y N L O E I N A P T M I N O
A X I I N K T T O S H M D E C
D O M U I T N O R T S O A S I
M K U M U Y V E Y O P I R I L
I Y L M M S M A K L G Y U U I
U R A N I U M D J B F E R M S
M U I D O S R I A T C O N K S
```

ALUMINUM	HYDROGEN	NICKEL	SILICON
BERYLLIUM	IODINE	NITROGEN	SODIUM
CADMIUM	IRON	OXYGEN	STRONTIUM
CARBON	KRYPTON	PHOSPHORUS	URANIUM
CHROMIUM	MAGNESIUM	POTASSIUM	ZINC
COBALT	MERCURY	RADIUM	ZIRCONIUM

Stars of the Silent Era

```
V R P Z U N G A R B O B R S R
Q O N I T N E L A V O E G S S
R E L K C U B R A L V B I V E
R S K N A B R I A F D G S C F
R Z W O U Y S U O M V N H I R
S W E A M T R L N O T A E K E
F D D O N E E C C Y P L L B R
U F R I L S G T U L D Y O L L
P E O A E D O R I S O R T I A
V W F L B T R N Y W H T A U G
O O K P R M R P J A U A E H D
U L C S G A O I R T C T R F V
I R I A U S K L C U N V Z T O
Q A P A G N O W C H A N E Y G
V M R A M W Z A Q K X E A S F
```

ARBUCKLE	FIELDS	KARLOFF	MARLOWE
BARRYMORE	GARBO	KEATON	PICKFORD
CHANEY	GISH	LANG	ROGERS
CHAPLIN	HARDY	LAUREL	SWANSON
DIETRICH	HARLOW	LLOYD	VALENTINO
FAIRBANKS	HART	LOMBARD	WONG

Whale-Watching

```
G S O E I T S A X Q O Y C V V
R N B R E A C H T J K D S A P
A R I R C E S E A S I C K Y R
K M J L H A B I T A T D D B S
S E I T I S O L L A C I P A G
P O G N E A R R O Q C V T L E
L F U N K N T G A W U E U E L
A B T N I E E B F T H R A E A
S Z O F D L P L O I K O R N E
H E R L S I I O B L N W L U S
G N K U Q P N A H B S B Z E T
U K C K P T A G S Y U P A S X
A D E E F M V H U M P B A C K
R S R P P Z M O V E L S A L K
D S R F L Y W V A O Q P T E F
```

BALEEN
BLOWHOLE
BREACH
BUBBLE NET
CALLOSITIES
CETACEANS

DIVE
FEED
FINBACK
FLAPS
FLIPPERS
FLUKE

HABITAT
HUMPBACK
LOBTAILING
LURK
MINKE
ORCA

SAILING
SEA LEGS
SEASICK
SOUNDING
SPLASH GUARD
SPYHOP

Canadian Painters

```
I  B  M  S  S  W  P  R  N  R  P  R  A  T  T
W  I  E  A  Y  R  U  C  M  O  J  R  H  L  C
E  I  V  T  C  E  I  O  O  P  S  O  H  H  Z
A  H  J  E  P  D  L  O  Q  L  M  S  E  V  W
J  O  H  N  S  T  O  N  P  S  V  E  A  X  I
L  E  J  T  A  A  D  N  O  E  C  I  C  C  B
X  K  T  T  E  S  T  N  A  H  L  R  L  X  A
C  A  R  M  I  C  H  A  E  L  Y  L  R  L  T
M  O  R  R  I  S  S  E  A  U  D  Y  E  I  E
C  A  R  R  I  R  A  N  I  L  O  M  Y  S  M
A  A  N  O  S  K  C  A  J  A  A  P  Q  M  A
H  E  L  E  T  O  C  R  O  Z  U  S  O  E  N
U  I  B  O  U  R  D  U  A  S  A  G  U  R  E
T  V  A  R  L  E  Y  G  Q  S  X  N  M  F  U
F  I  T  Z  G  E  R  A  L  D  A  N  B  Y  L
```

BATEMAN	COLVILLE	LISMER	PRATT
BOURDUAS	DANBY	MACDONALD	RIOPELLE
CARMICHAEL	FITZGERALD	MOLINARI	SUZOR-COTE
CARR	HARRIS	MORRISSEAU	THOMSON
CASSON	JACKSON	ONDAATJE	VAILLANCOURT
CHEE CHEE	JOHNSTON	ONLEY	VARLEY

Evergreen Trees

```
U X S M G C Y C A D F T C Y W
R E D B A Y Y L L O H O L I C
R L V L P G T P H J M U I E E
S H P I D P N A R B U T U S D
I D F V L S J O M E U C D E A
S B O E D O U G L A S F I R R
S R G O Z F N T V I R S H C B
E U K A W S I A P P A A V I O
R N N K F D P H I Y X I C I R
R H I U L Y E T M S L V R K V
P C G P T M R R S L S A A P I
S R P A L M H R S P R U C E T
M A I O U Q E S F E R E R U A
S L C O Q J R G P I Y L S A E
P K V I S F A K G T L E L A D
```

ARBORVITAE	EUCALYPTUS	LARCH	REDBAY
ARBUTUS	GINKGO	LIVE OAK	REDWOOD
CEDAR	HEMLOCK	MAGNOLIA	RUSSIAN OLIVE
CYCAD	HOLLY	NUTMEG	SEQUOIA
CYPRESS	JUNIPER	PALM	SPRUCE
DOUGLAS FIR	KAURI	PINE	TAMARACK

Horse Breeds

```
J I O L D E N B U R G P W N D
R D T E D H A N O V A R I A N
E O E S E R U T A I N I M I T
N O L R R R X R N G A G R S M
H L A O B L I T A N R I I U U
E B D H D H C H A R S O S L I
K M S R R M G I S H A T M A N
A R E E A S D U D V A B P D I
R A D T D A C R O N K P I N A
T W Y R N R A U G R A M R A B
E A L A A F O P R L O L R Q N
L U C U T S I J O L Z H E F A
K H R Q S N O O F F Y P T C S
E O N A T I S U L Y Y L O V I
J J J U O H A F L I N G E R P T
```

ANDALUSIAN
APPALOOSA
ARABIAN
CANADIAN
CLYDESDALE
CURLY

FJORD
HAFLINGER
HANOVARIAN
ICELANDIC
IRISH DRAFT
LUSITANO

MINIATURE
MORGAN
MUSTANG
OLDENBURG
PAINT
PINTO

QUARTER HORSE
SHIRE
STANDARDBRED
THOROUGHBRED
TRAKEHNER
WARMBLOOD

American Artists

```
A J A J T X G K T H W E Y I T
E J O U E T L I A U O W Y R Q
O F D H D I A W E N A M W E N
M O F D N U L W V R D C E P A
L R R E I S B X H O P P E R K
E M O D E K O O N I N G P Z O
I A T X T K L O N P S L O R K
A N H O S X O A Z D V T L B H
G R E B N E H C S U A R L R T
U A N B E I L T T O G Y O E O
K Y B A T P S L L E W K C O R
D R E S H E R M A N G R K W T
S I R O C A S S A T T O B E Y
I S G S I D W A A D W G A V V
S T E L L A S L L T A A G L U
```

ADAMS	HOMER	NEWMAN	ROTHKO
AUDUBON	HOPPER	O'KEEFFE	SHERMAN
CASSATT	JOHNS	POLLOCK	STELLA
DE KOONING	KLINE	RAUSCHENBERG	TOBEY
GORKY	LICHTENSTEIN	ROCKWELL	WARHOL
GOTTLIEB	MAN RAY	ROTHENBERG	WHISTLER

French Pastries

```
J  J  Y  O  V  E  N  I  E  L  E  D  A  M  L
G  E  Z  W  Z  V  F  O  Q  T  N  G  B  O  I
R  S  R  M  E  R  E  I  U  U  A  Q  R  F  J
M  U  E  E  I  C  U  I  N  T  T  C  I  R  K
A  I  I  N  P  L  L  O  E  A  R  R  C  A  E
C  T  M  Q  G  E  L  A  F  O  N  U  O  I  H
A  X  L  T  W  U  U  E  I  T  T  C  T  S  C
R  A  A  A  Y  M  B  S  F  R  I  O  I  I  O
O  R  P  A  R  I  S  B  R  E  S  T  N  E  I
N  O  S  S  U  A  H  C  N  D  U  A  E  R  R
O  V  I  E  N  N  O  I  S  E  R  I  E  P  B
H  A  Q  T  E  N  G  I  E  B  Z  I  L  J  E
C  G  O  U  G  E  R  E  E  R  U  D  A  L  J
I  T  A  G  U  R  Z  A  M  A  N  D  I  N  E
B  T  U  L  I  R  A  E  L  E  N  A  C  Y  T
```

ABRICOTINE	CANELÉ	GATEAU	MILLE FEUILLE
AMANDINE	CHAUSSON	GOUGÈRE	PALMIER
BEIGNET	CROISSANT	JESUIT	PARIS-BREST
BICHON	ÉCLAIR	LADURÉE	PETIT FOUR
BRIOCHE	FINANCIER	MACARON	TUILE
BUGNES	FRAISIER	MADELEINE	VIENNOISERIE

Rhymes with HOUND

```
R  Q  N  D  R  O  W  N  E  D  A  E  J  C  D
A  F  P  Q  O  F  K  X  I  P  D  L  P  R  T
T  F  S  P  B  Q  P  M  R  K  E  X  I  O  V
L  S  T  H  R  O  P  O  S  S  N  R  D  W  D
U  S  D  N  U  O  P  M  O  C  W  W  N  N  E
P  T  D  N  U  O  F  A  T  A  O  D  U  E  N
T  I  D  N  U  Y  R  O  I  R  R  O  O  D  W
O  L  D  N  U  O  F  M  U  D  B  W  B  A  O
T  I  D  N  U  O  F  W  E  N  S  N  A  Y  L
P  U  D  N  U  O  R  G  I  R  D  E  B  P  C
R  A  D  J  U  O  F  R  S  B  E  D  S  X  U
Z  C  Y  N  K  O  T  N  U  D  N  U  O  M  L
M  F  D  J  U  R  S  S  O  S  W  U  S  K  K
S  E  W  P  N  O  T  E  A  C  O  E  S  J  A
C  J  R  D  E  N  W  O  R  F  G  Y  F  O  X
```

ABOUND	CONFOUND	FROWNED	NEWFOUND
AROUND	CROWNED	GOWNED	PROFOUND
ASTOUND	DOWNED	GROUND	PROPOUND
BROWNED	DROWNED	IMPOUND	RESOUND
CLOWNED	DUMFOUND	INBOUND	SURROUND
COMPOUND	EXPOUND	MOUND	WOUND

Concert Series

```
S  W  O  J  Z  A  U  Q  A  H  Z  P  L  G  T
D  R  N  L  Q  U  I  N  T  E  T  R  A  U  Q
E  C  O  R  C  H  E  S  T  R  A  L  C  O  S
N  O  I  T  A  S  I  V  O  R  P  M  I  E  A
S  M  T  I  C  K  E  T  S  C  C  P  S  O  D
E  P  I  N  P  U  L  T  H  T  E  C  S  V  C
M  O  T  T  E  U  D  A  S  R  S  S  A  R  B
B  S  E  C  I  P  M  N  C  I  S  I  L  L  W
L  E  P  K  A  B  E  U  O  H  O  J  C  N  P
E  R  M  U  E  L  S  N  R  C  O  L  J  P  H
V  C  O  R  E  S  E  R  V  A  T  I  O  N  T
E  E  C  T  I  S  G  N  I  R  T  S  R  S  V
N  L  N  O  H  Q  T  S  D  N  I  W  E  A  A
T  P  N  U  R  E  C  I  T  A  L  G  X  U  K
S  S  I  V  E  C  O  N  C  E  R  T  C  W  G
```

BRASS	COMPOSER	IMPROVISATION	RESERVATION
CALENDAR	CONCERT	ORCHESTRAL	SOLOIST
CHAMBER	DUET	PERCUSSION	STRINGS
CHOIR	ENSEMBLE	QUARTET	TICKETS
CLASSICAL	EVENTS	QUINTET	VENUE
COMPETITION	GUEST CONDUCTOR	RECITAL	WINDS

Cookies!

```
H  J  O  E  M  A  C  A  R  O  O  N  T  Z  T
R  E  I  A  D  A  E  R  B  T  R  O  H  S  U
C  P  G  I  N  G  E  R  S  N  A  P  I  F  N
S  I  E  I  P  T  O  R  N  F  H  S  M  T  L
E  H  N  A  N  X  E  F  C  H  C  R  B  E  A
N  C  O  N  N  G  S  A  Z  N  T  U  L  D  W
U  E  H  N  A  U  E  U  B  U  O  U  E  I  C
T  T  A  R  E  M  T  R  G  I  C  M  F  U  O
R  A  X  P  I  Y  O  B  B  A  S  U  E  G  C
O  L  R  W  O  S  L  N  U  R  R  C  D  L  O
F  O  S  O  S  L  T  R  H  T  E  T  U  R  N
J  C  P  S  L  K  I  M  H  C  T  A  T  I  U
K  O  I  L  A  E  M  T  A  O  T  E  D  G  T
A  H  C  D  N  O  M  L  A  S  U  U  R  R  T
K  C  E  G  G  L  E  S  S  N  B  A  D  L  P
```

ALMOND	DUTCH	HONEY	SHORTBREAD
BUTTERSCOTCH	EGGLESS	LEMON CREAM	SPICE
CHOCOLATE CHIP	FORTUNE	MACAROON	SUGAR
CHRISTMAS	GINGERBREAD	NEAPOLITAN	TEA BISCUIT
CINNAMON	GINGERSNAP	OATMEAL	THIMBLE
COCONUT	GIRL GUIDE	PEANUT BUTTER	WALNUT

Words with no Rhyme

```
U  U  W  V  T  R  J  I  R  Y  T  T  V  H  V
F  I  E  N  D  S  T  T  A  M  X  S  P  S  E
U  S  G  L  J  R  D  N  M  R  P  C  T  A  T
G  P  N  A  M  O  W  I  D  T  H  C  N  N  W
U  L  A  S  U  P  O  P  M  A  I  I  R  R  U
E  A  R  U  G  U  L  A  O  R  M  S  I  U  H
T  N  O  A  L  R  M  S  C  O  G  U  L  F  X
W  K  W  A  S  P  I  L  N  K  G  M  R  B  V
T  T  T  O  I  L  E  T  I  F  D  Z  T  T  J
S  O  L  G  V  E  H  L  L  F  B  D  I  A  T
T  N  J  E  W  C  N  I  S  R  I  T  A  H  T
S  E  R  S  L  Q  I  O  L  E  D  L  B  T  O
E  R  N  I  L  S  Q  S  R  Q  E  S  R  W  S
W  I  R  P  I  Z  T  J  T  Z  R  E  O  R  I
T  S  G  N  A  A  U  V  S  D  U  X  F  R  O
```

ANGST	FILM	MUSIC	SILVER
ARUGULA	FUGUE	OPUS	SIREN
CHAOS	GULF	ORANGE	TOILET
CIRCLE	KILN	PINT	WASP
ELSE	MIDST	PLANKTON	WIDTH
FIENDS	MONTH	PURPLE	WOMAN

It's Criminal

```
M Z Q I X K M R F O R G E R Y
N A G R H Y R U H L Y U D Y Y
E O N N R O R L R Z C V I U K
T B I S I L M U A D N H A S A
Y P R T L P A I J O E S U B A
G R E I U A P R C R C R E V V
I M E H B T U A C I E A X N A
T T T T A E I G N E D P T S N
L P E T T T R T H D N E O P D
U M K T A A E Y S T I Y R T A
A E C O K A B C N O E K T F L
S T A L K I N G R R R R I E I
S N R W G N I T F I L P O H S
A O I J H A R A S S M E N T M
V C S W N N E G L I G E N C E
```

ABUSE   FORGERY   LARCENY   RACKETEERING
ASSAULT   HARASSMENT   MANSLAUGHTER   RAPE
BATTERY   HATE CRIME   MURDER   SHOPLIFTING
BRIBERY   HOMICIDE   NEGLIGENCE   STALKING
CONTEMPT   INDECENCY   PERJURY   THEFT
EXTORTION   KIDNAPPING   PROSTITUTION   VANDALISM

Rhymes with FOOD

```
Z C O N S T R U E D U R T N I
B R A C C R U E D U L C N I W
J M I U R E U B U E A E W Z S
B R E W E D E E R D O T B L T
F E U D W D D A T E K H N H X
A U D E E A U T O U S E S S A
A A B O D A R R R S D W O A R
Y A O O O U C T P A Q E A O J
A C P W O R L S Q T A D M F J
D A T R O E B C D P K I W V Y
Y K U D N U D E X C U I Y E R
S A G L U E D E W E P S P M L
V S N C X P K D M R O U A E L
P H L Q J A S U L E A I D U Q
A E S A F V U D P Y T A S R T
```

ACCRUED	CRUDE	HEWED	PRUDE
BOOED	DUDE	INCLUDE	SCREWED
BREWED	ETUDE	INTRUDE	SHOED
BROOD	EXCLUDE	LEWD	SPEWED
CONSTRUED	FEUD	NUDE	SUED
COOED	GLUED	PROTRUDE	WOOED

Odd Fashion Items

```
W  N  D  S  E  J  T  T  U  F  K  R  A  O  C
H  O  O  P  S  K  I  R  T  G  D  A  O  Y  E
O  J  X  A  O  J  C  J  J  S  V  P  K  W  A
T  W  G  H  H  A  U  E  T  X  E  R  R  B  B
P  D  T  C  Y  R  M  G  N  U  W  I  O  A  E
A  F  I  V  T  C  M  G  G  E  T  L  M  N  L
N  N  F  H  N  H  E  I  U  S  L  I  P  D  L
T  P  P  U  A  O  R  N  O  R  X  T  E  E  B
S  A  A  G  M  K  B  G  M  S  H  T  R  A  O
P  D  N  S  I  E  U  S  S  T  O  S  Q  U  T
A  I  T  K  T  R  N  S  Y  R  U  L  J  X  T
T  C  I  B  T  I  D  W  I  O  S  A  F  D  O
S  K  E  S  P  O  E  L  S  K  U  L  K  U  M
P  I  S  E  T  O  P  S  E  S  K  O  N  G  S
R  E  G  G  I  D  M  A  L  C  I  E  H  D  A
```

BANDEAU	DICKIE	MUFF	SKONGS
BELL BOTTOMS	GIRDLE	MUKLUKS	SKORTS
CHAPS	HOOP SKIRT	PANTIES	SPATS
CHOKER	HOT PANTS	PASTIES	TANK TOP
CLAM DIGGER	JEGGINGS	ROMPER	TURTLE NECK
CUMMERBUND	MANTYHOSE	SHRUG	UGGS

Mushrooms

```
R V A V E I N I C R O P V U A
E G O H E G D E H I E H N G G
T Y Q T C F F T A E G T F K S
S T I N K H O R N N N A S V T
B A B E P L Y U T A F R M Y W
O S Y I S S H F E M L I R E O
L T S E R O F F R Y O T S R N
E R F C N D A L E G W R P T S
T A K D I O S E L G E L E A A
E W D L S R H N L A R C P L I
N S H I I T A K E H P O S E I
O N U L I M O G A S O R S K L
K Q A T I N A M A N T A L R R
I M I F P U F F B A L L W A V
V B I R Z B R E Q M H Y E L P
```

AGARICS
AMANITA
BIRD'S NEST
BOLETE
CHANTERELLE
CORAL

ENOKI
FLOWER POT
FOREST
HEDGEHOG
HONEY
LOBSTER

MAGIC
MILK
MOREL
OYSTER
PORCINI
PUFFBALL

SHAGGY MANE
SHIITAKE
SNOW
STINKHORN
STRAW
TRUFFLE

Philosophers

```
Z O K I Z K A P T W O I Z R J
U N K P B A U D R I L L A R D
T A Q D E S C A R T E S Z G U
K D R R T L S A R T R E O Z Y
N O N R I O T L E G E H N J S
K R S E E O R O S E G T I D W
O N Y C R G V A T N E R P E A
N O C A B A G U I S L A S L B
M A W M W L Q E A T I B F E S
C T Z U O A T U D E G R R U N
O Q U S W Z R C I I B K A Z S
Z R O U S S E A U N E E W E E
F O U C A U L T H L A H D Q P
M R H A D I R R E D P S S C J
E E B H I X T Y K S M O H C Q
```

ADORNO	BAUDRILLARD	DERRIDA	NIETZSCHE
AQUINAS	BERKELEY	DESCARTES	ROUSSEAU
ARENDT	CAMUS	FOUCAULT	SARTRE
ARISTOTLE	CHOMSKY	HARAWAY	SPINOZA
BACON	DE BEAUVOIR	HEGEL	TZU
BARTHES	DELEUZE	HEIDEGGER	WITTGENSTEIN

Types of Coffee

```
L S P S A C A P U G A N D A H
P E L A D N E G R E B E G M F
S C J N C L R T T Y P I C A G
A O A T I H P T W K R I O N A
R N V O S T E T H I O P I A N
C B A S A C S C M P B S M P O
H O N I A T N U O M E U L B K
I U V L R R E A L M O T O S L
M R Q O S E R I I A U C I Z V
O B D C N U I U O B W N H X P
R O M E S O M R T N M E F A I
P N W H P R D A R A K U S F P
U A A C D K V N T A C Y L I G
H A W A I I A N U R H L O O I
A E A P Z U A R A M A C A P C
```

ARUSHA	COLUMBIAN	MUNDO NOVO	SANTOS
BERGENDAL	ETHIOPIAN	PACAMARA	SARCHIMOR
BLUE MOUNTAIN	HAWAIIAN	PACAS	SULAWESI
BOURBON	JAVA	PACHE COLIS	SUMATRA
CATURRA	KONA	PACHE COMUN	TYPICA
CHARRIERIANA	MOCHA	PANAMA	UGANDA

Social Networking Websites

```
D E S D N D B A C R N R Y L I
S T R D L R E K E E I D H D Y
X A E E B R B V F S D E Z Y R
D M T N T U O A I E E G M F D
P S S E A T C W L A K G O L P
P S D N T L I L Y R N A O I I
O A N B F S P W M C I T B C E
O L E M A A E K T H L U A K N
L C I Y C D O R C G P K S R E
V C R S E B O N E A V R I T T
O L F P B A O O C T L O D X L
G A I A O N L I N E N B H R O
L T H C O A R E T S X I L F G
O Z Q E K R A D Y C R X P E E
Z P E L S R D Y A W P F G X S
```

BADOO	DISABOOM	GOVLOOP	ORKUT
BEBO	FACEBOOK	HABBO	PINTEREST
BLACKPLANET	FLICKR	LINKEDIN	RESEARCHGATE
CLASSMATE	FLIXSTER	MYLIFE	RYZE
CYWORLD	FRIENDSTER	MYSPACE	TAGGED
DEVIANTART	GAIA ONLINE	NETLOG	TWITTER

Begins and Ends in E

```
E R I T N E T A U C A V E A E
E M P I R E L E N C L O S E D
E S U F F E A E X P E D I T E
C T U E G E N X E N F O R C E
A D A C J H M T E E Y T P T E
F I I L X R R I R N U X R H M
F E A S E E U X G A H W E X B
E R G W F X J U J R N A T S R
R S H Y F P W U P G A C N L A
U D R U E L I M I N A T E C C
D T S R T O E R O L P X E S E
N A I L E D O V F H H S N P E
E N G I N E U A O U Y X H U E
Z W R H T M Z R M K U H A S G
O R Y M R A M E S U E Z B K X
```

EASE	EMBRACE	ENGINE	EVOKE
EFFACE	EMIGRATE	ENHANCE	EXCUSE
EFFETE	EMPIRE	ENTERPRISE	EXHUME
EFFUSE	ENCLOSE	ENTIRE	EXPEDITE
ELATE	ENDURE	ENTRANCE	EXPLODE
ELIMINATE	ENFORCE	EVACUATE	EXPLORE

Maternity

```
X  A  B  A  S  R  U  G  N  I  H  T  R  I  B
G  C  A  C  L  A  T  A  N  E  R  P  Q  G  H
U  R  G  T  S  A  M  S  P  I  N  E  N  O  O
Q  A  E  N  C  D  I  E  M  M  I  R  R  L  R
D  V  F  C  I  I  N  E  D  S  A  U  O  M  M
I  I  I  E  R  D  S  U  K  E  P  T  B  A  O
E  N  L  S  T  T  E  Y  O  N  K  A  W  T  N
J  G  A  A  E  U  C  E  K  S  C  M  E  N  E
F  S  R  R  T  T  S  L  F  I  A  E  N  E  S
A  V  U  I  S  I  A  E  X  T  B  R  R  C  R
N  R  D  A  B  B  O  E  P  I  S  P  T  A  U
E  H  I  N  O  A  T  N  I  V  S  A  O  L  N
M  A  P  R  V  M  I  D  W  I  F  E  E  P  U
I  B  E  M  U  T  R  A  P  T  S  O  P  R  S
A  P  R  E  G  N  A  N  C  Y  U  U  N  Z  B
```

ANEMIA
BACK PAIN
BIRTHING
BREASTFEEDING
CESARIAN
CRAVINGS

DILATION
EDEMA
EPIDURAL
FETUS
HORMONES
LABOR

MIDWIFE
NEWBORN
NURSE
OBSTETRICS
PLACENTA
POSTPARTUM

PREGNANCY
PREMATURE
PRENATAL
SENSITIVITY
TRIMESTER
ULTRASOUND

Journalism

```
R C C R L S A B L U R B U T O
Y R D A E L M V A A E U H T L
R I S R N D M R I X P G A T L
A J U U E G A P T N O R F O E
U O H E A D L I N E R A E W J
T B Y L I N E E E J T P N S O
I N M U L O C V D S I H O S S
B R E P U T A T I O N I I D A
O Y D M U Y P T F S G C T D O
A X I S N W P E N S U S P X A
F S T F E G A O O I F L A O L
G K I T D T I U C E R E C L X
K R O T U I R S U B E P J X R
U U N R S C T P S R O T I D E
Q S E A E N V D E A D L I N E
```

ANGLE CONFIDENTIAL FEATURE PRESS
ASSIGNMENT COPY FRONT PAGE PRINT
BLURB DEADLINE GRAPHICS QUOTE
BYLINE EDITION HEADLINE REPORTING
CAPTION EDITOR LEAD REPUTATION
COLUMN EXCLUSIVE OBITUARY SOURCE

Rhymes with BOAT

```
K C E I Z Y C D D H V S F T Y
T T O Y R U B O B Z U T W S R
Q R K T D H A T G L O A T P Z
O A I L E A E E O S E O I U E
I M A E V U I T P T A G M U D
I T W L O T W R O T E O Y S S
G R O A T E O E W M A L F O K
Y G E E E A T M L T S O S S U
X Y X T T T A O R H T L L Z H
J I O O O O I T N S Z P T F B
P O E V P M N E A E L R T Y U
T X L T M U O N I O D R L P T
I A F U O R I R O W L W Y I M
R T A O C U C Z P C O B T A R
U N E B Q J Q I Q F P S E A F
```

BLOAT
COAT
COMPOTE
CONNOTE
COTE
DENOTE

DEVOTE
DOTE
FLOAT
GLOAT
GOAT
GROAT

HAUTE
MOAT
OUTVOTE
PROMOTE
QUOTE
REMOTE

SMOTE
SPROAT
STOAT
THROAT
TOTE
WROTE

At the Salon

```
Y X O S K B E R T V A S X T X
H A U F J D R S F S A P I T K
Q W Q I B V Q P P T F L V J F
C A P S F S N R N S X U U E J
E S S O L G A I K G R E L C F
K H Q T S Y T Y T C L I O F H
R B W A R Y U J Q U B L D S D
P B L A Y E R E D T O R E M E
P N W E U T A D G R Y N U G R
R R W T A F L K W E A O I S E
S K T P E C I R R O R A V H H
S S O S T Y H I G H L I G H T
L G A I B E D R R T U B A U A
Q R A Y X M T R I M O U S S E
I I A K E R A H P A I R E Z F
```

BLEACH	DRYER	HIGHLIGHT	STREAK
BLOW DRY	DYE	ICE	THIN OUT
BRUSH	FEATHERED	LAYERED	TINT
CAP	FOIL	MOUSSE	TRIM
COLOR	GEL	NATURAL	WASH
CUT	GLOSS	SPRAY	WAX

The Racetrack

```
M I P T T J U S S S J A A I T G
I A O Y E U D L W A J V I A C
P S T E F U E O F P X R R A E
P T O K A R I Q J N M W P U C
F W H C V T F P B E H F C O T
W Q S O O E I L H C R R L P Y
S I G J R B L A N K E T T T U
N H N S I O A C R F H W R D N
K B O L T A U E T A I A A E R
I Z L W E T Q G N P C L V R M
D K L E E O S D H K R K L B F
C L A S S U I G R B V O D Y W
K A E R B C D K N A R V W E I
C H Y U A E C R E D E E R B U
Z C U P L P E T U T R R D Y U
```

BET · BLANKET · BOLT · BREAK · BREEDER · CHALK
CLASS · COLT · DERBY · DISQUALIFIED · FAVORITE · FILLY
HANDICAP · JOCKEY · LONG SHOT · NECK · PLACE · PURSE
RANK · SHOW · THOROUGHBRED · TRACK · WALKOVER · WIN

Swim Meet

```
T  T  D  W  D  S  T  R  I  A  L  S  L  S  S
N  W  H  I  S  T  L  E  N  A  A  S  A  J  I
M  V  V  F  V  U  R  C  U  N  R  F  P  A  E
T  E  W  I  P  I  H  C  T  A  R  C  S  C  V
Y  R  T  N  E  O  S  O  L  E  D  L  Y  G  I
A  O  R  A  R  T  A  I  E  R  A  W  A  Z  T
B  P  A  L  N  U  G  S  O  N  H  C  L  R  I
V  G  T  S  D  U  T  P  E  N  S  B  E  G  T
X  A  S  E  L  Y  T  S  M  I  W  S  R  Z  E
O  L  E  T  L  I  F  H  X  D  H  E  E  B  P
Z  L  S  E  M  A  R  K  H  S  R  E  T  E  M
R  E  L  E  R  S  N  T  X  A  L  U  A  T  O
D  R  A  O  B  K  C  I  K  C  O  L  B  T  C
X  Y  F  I  L  A  U  Q  S  I  D  S  C  J  E
E  S  N  L  F  L  A  N  T  T  Y  N  V  O  E
```

ANCHOR	DROP TIME	GUN LAP	METERS
BLOCK	ENTRY	HEAT	RELAYS
COMPETITIVE	FALSE START	KICK BOARD	SCRATCH
DISQUALIFY	FINALS	LANES	SWIM STYLES
DIVE	FREESTYLE	LAPS	TRIALS
DIVISION	GALLERY	MARK	WHISTLE

Boy Scouts

```
P F I R S T A I D L O R T A P
L X S G N I T E E M W L I U R
P E C F J P L S R O O D T U O
S C A M P I N G A A O J B R M
Z T N D H K S N P P D A D Q I
H C O E E K R I E S C M P E S
T P E N C R S S R K R B E T E
T O I R K K S I P I A O S I G
E O N R E R E A E L F R B Q D
N R G P J M C R B L T E S Y A
T T U N T K O D C S U E J M B
S C I T I Z E N S H I P Q N U
F N R N A K U U Y I I A R F P
B G G R U N I F O R M E X O D
U C A V V O A H N T W G F M I
```

BACKPACKING   CITIZENSHIP   LEADERS   PROMISE
BADGES   FIRST AID   MEETINGS   SKILLS
BE PREPARED   FUNDRAISING   NATURE   TENTS
CAMPING   HIKING   NECKERCHIEF   TROOP
CANOEING   JAMBOREE   OUTDOORS   UNIFORM
CEREMONY   KNOTS   PATROL   WOODCRAFT

What's in Your Purse?

```
H E H S U R B R I A H M R B B
T S G A B P U E K A M I U G X
X S Y A W E L C N M I S Y G Q
K A I E C A C D R S I D G Y L
R O N T K C L A W N N R R E R
R E O O I O R L E A E A R N R
E S Z B T S O S E M M C B O R
T N K I K E S B Z T U T A M R
H X O C T C B U S N F I N E P
G N B H A I E O E S R D D M S
I S Q R P N N H O S E E A P G
L R D O Q L S A C K P R I I Q
N S D W H K L I S D O C D H G
C S T P I E C E R U T L O D L
K I L I P S T I C K C T W P A
```

ADDRESS BOOK
BANDAID
BUSINESS CARDS
CELLPHONE
CHECK BOOK
CREDIT CARDS

GUM
HAIRBRUSH
HAND LOTION
IPOD
KEYS
LIGHTER

LIPSTICK
MAKEUP BAG
MIRROR
MONEY
NOTEBOOK
PEN

PERFUME
RECEIPTS
SANITIZER
SNACKS
TISSUES
WALLET

Rhymes with SPAIN

```
L W E P Y T B P A C R A N E E
T U N N I A M F P D A G T C X
K Q A I M M O B T A I N O T P
C O C A I N E X U E R M L E L
T J N H B E R T R A P T R B A
T E Y C Z R R E H L L T J N I
E A E I N Z A J A A A F U L N
E N T E R T A I N I N I E E I
S U S T A I N N N K E E G N A
A A E T U A I I I T P I S A T
I E T N U B A A A R A A E V T
C D J S Q R D G R T N I T R A
Y A R S T S S E G E E N L I R
R Q O R G T I R R R L D B I M
Z L S M H R D R L G X M N K S
```

AIRPLANE	COMPLAIN	GRAIN	PANE
ATTAIN	CRANE	INSANE	PERTAIN
BRAIN	DETAIN	MAIN	REGAIN
CANE	DISDAIN	MANE	REIGN
CHAIN	ENTERTAIN	METHANE	SUSTAIN
COCAINE	EXPLAIN	OBTAIN	VANE

At the Gym

```
S  P  W  S  W  E  G  G  X  Q  E  E  V  W  T
R  I  E  E  T  S  L  N  T  S  U  T  O  L  D
W  A  I  T  Y  R  R  I  I  I  J  A  I  A  A
O  R  G  A  S  N  E  T  F  L  S  R  D  F  D
R  E  H  L  G  C  W  T  R  T  C  D  R  S  O
K  N  T  I  O  O  E  O  C  R  S  Y  A  P  R
O  I  S  P  U  J  Y  P  D  H  J  H  C  E  E
U  A  T  A  A  A  S  S  W  L  I  W  J  R  U
T  R  E  A  D  M  I  L  L  A  O  R  G  R  Z
D  T  P  U  M  P  I  N  G  I  R  O  N  Q  O
S  S  C  I  B  O  R  E  A  N  P  M  C  R  G
X  F  L  S  M  P  A  G  G  B  I  S  U  T  T
E  T  A  R  T  R  A  E  H  I  M  N  R  P  S
S  K  S  T  A  M  F  A  Q  Q  S  U  O  N  P
O  A  S  U  G  N  E  K  Z  A  S  G  Z  T  R
```

AEROBICS	LIFTS	REPS	TREADMILL
CARDIO	MATS	SPOTTING	WARM UP
COOL DOWN	PECS	STEP CLASS	WEIGHTS
CYCLING	PILATES	STRETCH	WORKOUT
HEART RATE	PUMPING IRON	TONING	YOGA
HYDRATE	QUADS	TRAINER	ZUMBA

Prepositions

```
K I Q L O U S N A H T V X S I
O P A B O V E C N I S F N U T
B E F O R E D X F D K S S M S
V L C Z W V I M C O L A U O P
L T B T H R S O L E K I L U W
G H E U N D E R V S P D A R A
H B N A B H B F E E U T N P B
L D E S P I T E Y R R L D P J
E U A J O T N I I S T O P I Q
L N T L U P O N W P R J H N D
P T H R O U G H R P X Q G Z F
D I N V G N O M A A V B G C V
N L K O E B G S E O J X R L V
M X S H H V T V N Y E S J J Z
D A P O C S T F E E U A N E S
```

ABOVE	BETWEEN	LIKE	THAN
ALONG	DESPITE	NEAR	THROUGH
AMONG	DURING	OVER	UNDER
BEFORE	EXCEPT	PAST	UNTIL
BENEATH	FROM	PLUS	UPON
BESIDES	INTO	SINCE	WITH

Icons of the Sixties

```
N A U Z H X D K E N N E D Y T
N V S A F M J I V D T E E I B
R E T T E L K N I L I T J A H
O H R J N O F G C C P L R E S
L C E S E C E J H H L D N Y J
Y H I U D L T R H R O D J G A
A S S U X A R M S T R O N G G
T U A A C M V I O I E S A I G
F R N I U H C I X T N R V W E
U H D P V H N Q S A O I I T R
K K N O Q T D O U J S O L J X
S L I U O Y E L S E R P L Q O
R L X R L S T E I N E M U E Y
G I O A R M W J X Z A N S P T
T U N O N N E L N E W M A N X
```

ARMSTRONG	KENNEDY	MALCOLM X	PRESLEY
BARDOT	KHRUSHCHEV	MANSON	STEINEM
DAVIS JR.	KING JR.	MCQUEEN	STREISAND
DYLAN	LENNON	NEWMAN	SULLIVAN
HENDRIX	LINKLETTER	NIXON	TAYLOR
JAGGER	LOREN	O'TOOLE	TWIGGY

Begins in ST, ends in S

```
S T A M E N S N E F F I T S R
A X Z N E S S R E G G A T S S
A H E A Q P J X S Y Z R S T T
S S E N S U E N S N E T R I R
Z E O S E R L E P T A E B C I
P N R T T R U L C K A U T K P
P O M O A I L H E K S M I E E
R T S O T T E S S T R R P R S
Q S R L S S T R A N G E R S E
M F A S L A B C E I M T Q C V
A T T T P A K E Q C K W R C O
Y V S L E S T I L L S Q E R T
B F E S T O P S T A V E S C S
R S T A S H E S J M F F Q F I
G L W Y R C S W I U U Y H T O
```

STACKS   STAPLES   STIFFENS   STORES
STAGGERS   STARS   STILLS   STOVES
STAKES   STASHES   STIRRUPS   STRANGERS
STALLS   STATES   STONES   STREAKS
STAMENS   STAVES   STOOLS   STRETCHES
STAMPS   STICKERS   STOPS   STRIPES

Double Rhymes

```
J Y R A N E L P M W X I I I R
O R R R G Y R E M M I H S Z S
I O A E R K M D T I A N O S T
N M D L N O H L O P R G E Y A
E E S Y R E M A E R C S R R I
R J E I Y R E P P I L S E A Y
Y R E H C A E R T M J M U N V
R S O R C E R Y G A S U Q I E
E C E N G T O Y Y R E W O B F
N E C A L R R L R Y S G D L G
I N O Q N E O D Q E B K O F X
H E L E P X H C A A N W V S X
C R R A M Y N I E O E N T E Z
A Y R L E W E J Y R A N A R G
M D A E A T E R Y S Y Q H C B
```

BINARY
BOWERY
CANNERY
CREAMERY
DRAPERY
EATERY

EMORY
FLOWERY
GRANARY
GREENERY
GROCERY
JEWELRY

JOINERY
MACHINERY
MEMORIES
ORNERY
PLENARY
PRIMARY

SCENERY
SHIMMERY
SLIPPERY
SORCERY
TREACHERY
WINERY

Asian Languages

```
K W O B H U T A N E S E T B A
L A B T A G A L O G R T U J S
A N E T V V I M C T U R I O T
H I N D I N W Y L Q M N L T M
M D G X E H A R M E N I A N V
O C A N T O N E S E R R P E R
N T L N N E E E R L R A E J O
G O I H A K S A S O Y D N J O
U N T B M W E E A G K N L T C
T O K H E R A A N E M A L A Y
A O U S S T E N K A X M U A B
P W D S E A A M I K P I L S L
X W R P G G P N H K A A K I Y
Y X U W V N E I K K O H J T X
S L E Z E N T R S E S T R C W
```

ARMENIAN	HINDI	LAO	TAGALOG
BENGALI	HMONG	MALAY	TAIWANESE
BHUTANESE	HOKKIEN	MANDARIN	THAI
BURMESE	JAPANESE	NEPALI	TIBETAN
CANTONESE	KHMER	OKINAWAN	URDU
HAKKA	KOREAN	PASHTO	VIETNAMESE

Prefixes

```
Q P A A I H Y P O Y T U S C R
R R T L I O M T S R R C O S T T
A G E M I C R O P I I E W P S
F P O S T H R C C W A T E Z T
P G R O A L C I O X W S L O S
P I B R E T R O U I M E D U E
S S B E Q M U D N N N X L O M
T W S D O U D U T T T T K A I
T R I N I M A E E R R R E H C
I K L U A R L S R A L A S R X
Y H Y P E R W P I L S E W U O
R N B T V I T U T P F D R R P
R I Y U N Y R B N T S B I K B
R T T C R Z M T A M Q A I L L
Q E A F O O D W V Z L C G M L
```

ANTI	HYPER	MINI	RETRO
CONTRA	HYPO	MULTI	SEMI
COUNTER	INTER	POST	SOCIO
DEMI	INTRA	PRO	TRANS
EXTRA	MEGA	PSEUDO	ULTRA
HOMO	MICRO	QUASI	UNDER

Talk Show Hosts

```
R H R E C B F S W A N S F V Y
R J M F N E T D R F C Y R O E
U W A L T E R S A W S F T X Q
O T A R O N E L A I I P H A V
C A R S O N L N S L L U A R S
C J A C I O L I P D G Y R B A
O T J O N H E F R R S U P T S
N E L L A A N F I W H O O P I
A X B B V M M I N K K D D D N
N T J E H C A R G P N I O C Q
U C V R Z M I G E O U N N Y I
B U T T E V A C R T A T N G N
G U P H E F W T A H T A E I A
X M Z R E Y O P U M T E L N R
X E S W U N R E G I S S L E S
```

ALLEN	DAILY	KING	OPRAH
ARSENIO	DONAHUE	LENO	REGIS
CARSON	DOUGLAS	LETTERMAN	RIVERS
CAVETT	ELLEN	MCMAHON	SPRINGER
COLBERT	FALLON	NORTON	WALTERS
CONAN	GRIFFIN	O'DONNELL	WHOOPI

large print
Word Hunt™
Answer Pages

YOGA | PAGE 3

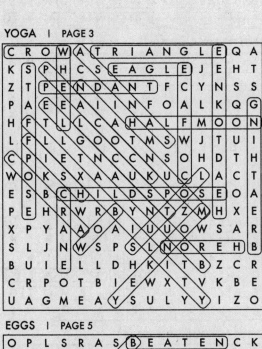

PHILOSOPHERS | PAGE 4

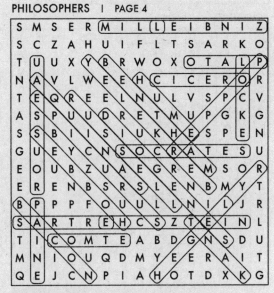

EGGS | PAGE 5

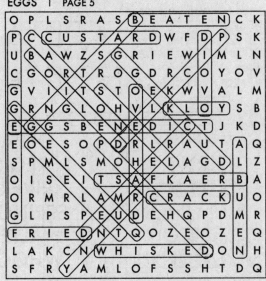

HERBIVORES | PAGE 6

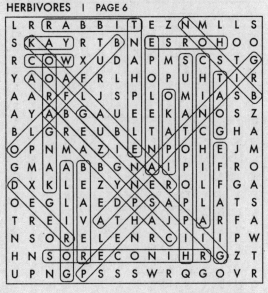

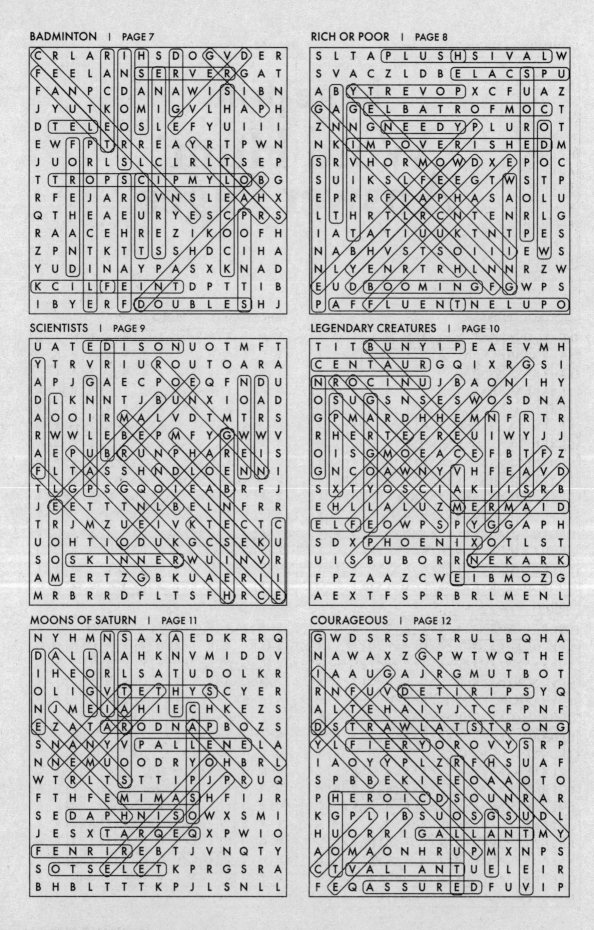

BADMINTON | PAGE 7

```
C R L A R I H S D O G V D E R
F E E L A N S E R V E R G A T
F A N P C D A N A W I S I B N
J Y U T K O M I G V L H A P H
D T E L E O S L E F Y U I I I
E W F P T R R E A Y R T P W N
J U O R L S L C L R L T S E P
T T R O P S C I P M Y L O B G
R F E J A R O V N S L E A H X
Q T H E A E U R Y E S C P R S
R A A C E H R E Z I K O O F H
Z P N T K T T S H D C I H A
Y U D I N A Y P A S X K N A D
K C I L F E I N T D P T T I B
I B Y E R F D O U B L E S H J
```

RICH OR POOR | PAGE 8

```
S L T A P L U S H S I V A L W
S V A C Z L D B E L A C S P U
A B Y T R E V O P X C F U A Z
G A G E L B A T R O F M O C T
Z N N G N E E D Y P L U R O T
N K I M P O V E R I S H E D M
S R V H O R M O W D X E P O C
S U I K S L F E E G T W S T U
E L T H R T L R C N T E N R L
L I A T A T I U K T N T P E S
I A B H V S T S O I I I E W S
N L Y E N R T R H L N N R Z W
E U D B O O M I N G F G W P S
P A F F L U E N T N E L U P O
```

SCIENTISTS | PAGE 9

```
U A T E D I S O N U O T M F T
Y T R V R I U R O U T O A R A
A P J G A E C P O E Q F N D U
D L K N N T J B U N X I O A D
A O O I R M A L V D T M T R S
R W W L E B E P M F Y G W W V
A E P U B R U N P H A R E I S
F L T A S H N D L O E N N I
T L G P S G Q O I E A B R F J
J E E T T N L B E L N F R R
T R J M Z U E I V K T E C T C
U O H T I O D U K G C S E K U
S O S K I N N E R W U I N V R
A M E R T Z G B K U A E R I I
M R B R R D F L T S F H R C E
```

LEGENDARY CREATURES | PAGE 10

```
T I T B U N Y I P E A E V M H
C E N T A U R G Q I X R G S I
N R O C I N U J B A O N I H Y
O S U G S N S E S W O S D N A
G P M A R D H H E M N F R T R
R H E R T E E R E U I W Y J J
O I S G M O E A C E F B T F Z
N C O A W N Y V H F E A V D
S X T Y O S C I A K I I S R B
E H L L A L U Z M E R M A I D
E L F E O W P S P Y G G A P H
S D X P H O E N I X O T L S T
U I S B U B O R R N E K A R K
F P Z A A Z C W E I B M O Z G
A E X T F S P R B R L M E N L
```

MOONS OF SATURN | PAGE 11

```
N Y H M N S A X A E D K R R Q
D A L L A A H K N V M I D D V
I H E O R L S A T U D O L K R
O L I G V T E T H Y S C Y E R
N J M E I A H I E C H K E Z S
E Z A T A R O D N A P B O Z S
S N A N Y V P A L L E N E L A
N N E M U O O D R Y O H B R L
W T R L T S T T I P J P R U Q
F T H F E M I M A S H F I J R
S E D A P H N I S O W X S M I
J E S X T A R Q E Q X P W I O
F E N R I R E B T J V N Q T Y
S O T S E L E T K P R G S R A
B H B L T T T K P J L S N L L
```

COURAGEOUS | PAGE 12

```
G W D S R S S T R U L B Q H A
N A W A X Z G P W T W Q T H E
I A A U G A J R G M U T B O T
R N F U V D E T I R I P S Y Q
A L T E H A I Y J T C F P N F
D S T R A W L A T S T R O N G
Y L F I E R Y O R O V Y S R P
I A O Y Y P L Z R F H S U A F
S P B B E K I E E O A O T O
P H E R O I C D S O U N R A R
K G P L I B S U O S G S U D L
H U O R R I G A L L A N T M Y
A O M A O N H R U P M X N P S
C T V A L I A N T U E L E I R
F E Q A S S U R E D F U V I P
```

COMPUTING LANGUAGES | PAGE 13

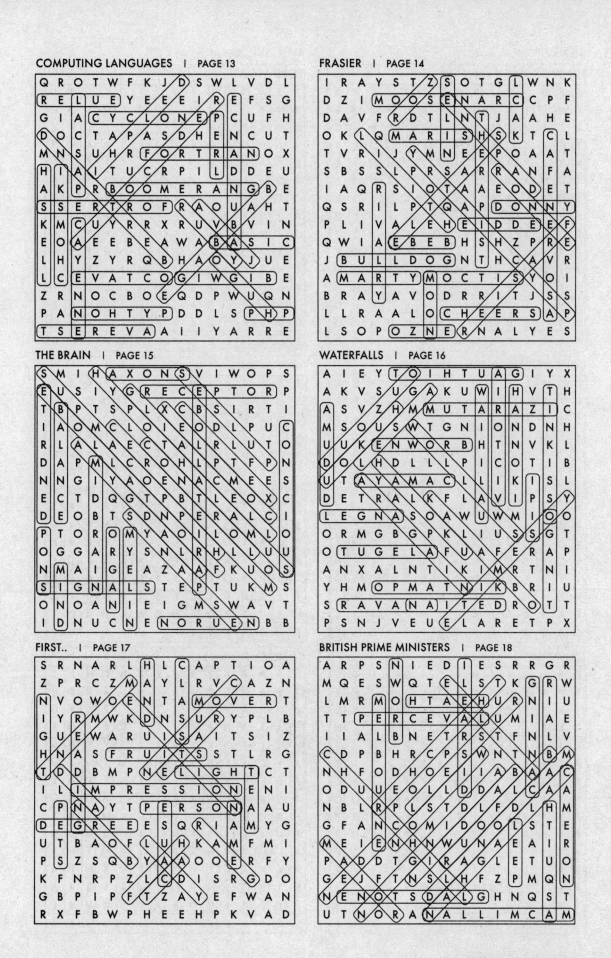

FRASIER | PAGE 14

THE BRAIN | PAGE 15

WATERFALLS | PAGE 16

FIRST.. | PAGE 17

BRITISH PRIME MINISTERS | PAGE 18

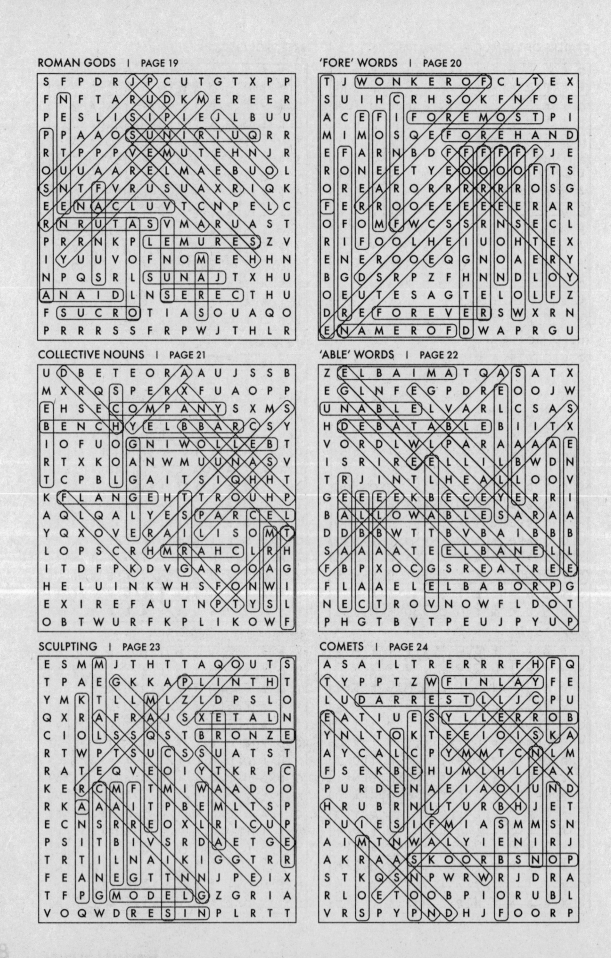

ROMAN GODS | PAGE 19

```
S F P D R J P C U T G T X P P
F N F T A R U D K M E R E E R
P E S L I S I P I E J L B U U
P P A A O S U N I R I U Q R R
R T P P P V E M U T E H N J R
O U U A A R E L M A E B U O L
S N T F V R U S U A X R I Q K
E E N A C L U V T C N P E L C
R N R U T A S V M A R U A S T
P R R N K P L E M U R E S Z V
I Y U U V O F N O M E E H H N
N P Q S R L S U N A J T X H U
A N A I D L N S E R E C T H U
F S U C R O T I A S O U A Q O
P R R R S S F R P W J T H L R
```

'FORE' WORDS | PAGE 20

```
T J W O N K E R O F C L T E X
S U I H C R H S O K F N F O E
A C E F I F O R E M O S T P I
M I M O S Q E F O R E H A N D
E R O F A R N B D F F F F F J E
R O N E E T Y E O O O O F T S
O R E A R O R R R R R R O S G
F E R R O O E E E E E E R A R
O R I F O O M F W C S S R N S E
R E N E R O O E Q G N O A E Y
E B G D S R P Z F H N N D L O Y
N O E U T E S A G T E L O L F Z
D R E F O R E V E R S W X R N
E N A M E R O F D W A P R G U
```

COLLECTIVE NOUNS | PAGE 21

```
U D B E T E O R A A U J S S B
M X R Q S P E R X F U A O P P
E H S E C O M P A N Y S X M S
B E N C H Y E L B B A R C S Y
I O F U O G N I W O L L E B T
R T X K O A N W M U U N A S V
T C P B L G A I T S I Q H H T
K F L A N G E H T R O U H P
A Q L Q A L Y E S P A R C E L
Y Q X O V E R A I L I S O M T
L O P S C R H M R A H C L R H
I T D F P K D V G A R O O A G
H E L U I N K W H S F O N W I
E X I R E F A U T N P T Y S L
O B T W U R F K P L I K O W F
```

'ABLE' WORDS | PAGE 22

```
Z E L B A I M A T Q A S A T X
E G L N F E G P D R E O O J W
U N A B L E L V A R L C S A S
H D E B A T A B L E B I I T X
V O R D L W L P A R A A A A E
I S R I R E E L L I L B W D N
T R J I N T L H E A L L O O V
G E E E K B E C E Y E R R I
B A L L O W A B L E S A R A A
D D B B W T T A B L B B B
S A A A A T E E L B A N E L L
F B P X O C G S R E A T R E E
F L A A E L E L B A B O R P G
N E C T R O V N O W F L D O T
P H G T B V T P E U J P Y U P
```

SCULPTING | PAGE 23

```
E S M M J T H T T A Q O U T S
T P A E G K K A P L I N T H T
Y M K T L L M L Z L D P S L O
Q X R A F R A J S X E T A L N
C I O L S S Q S T B R O N Z E
R T W P T S U C S S U A T S T
R A T E Q V E O I Y T K R P C
K E R C M F T M I W A A D O O
R K A A A I T P B E M L T S P
E C N S R R E O X L R I C U P
P S I T B I V S R D A E T G E
T R T I L N A I K I G G T R R
F E A N E G T T N N J P E I X
T F P G M O D E L G Z G R I A
V O Q W D R E S I N P L R T T
```

COMETS | PAGE 24

```
A S A I L T R E R R R F H F Q
T Y P P T Z W F I N L A Y F E
L U D A R R E S T L L J C P U
E A T I U E S Y L L E R R O B
Y N L T O K T E E I O I S K A
A Y C A L C P Y M M T C N L M
F S E K B E H U M L H L E A X
P U R D E N A E I A O I U N D
H R U B R N L T U R B H J E T
P U I E S I F M I A S M M S N
A I M T N W A L Y I E N I R J
A K R A A S K O O R B S N O P
S T K Q S N P W R W R J D R A
R L O E T O O B P I O R U B L
V R S P Y P N D H J F O O R P
```

CRATERS OF THE MOON | PAGE 25

BREEDS OF CHICKEN | PAGE 26

THE POTATO | PAGE 27

STAMP COLLECTING | PAGE 28

GHOST TOWNS | PAGE 29

ANNIVERSARY GIFTS | PAGE 30

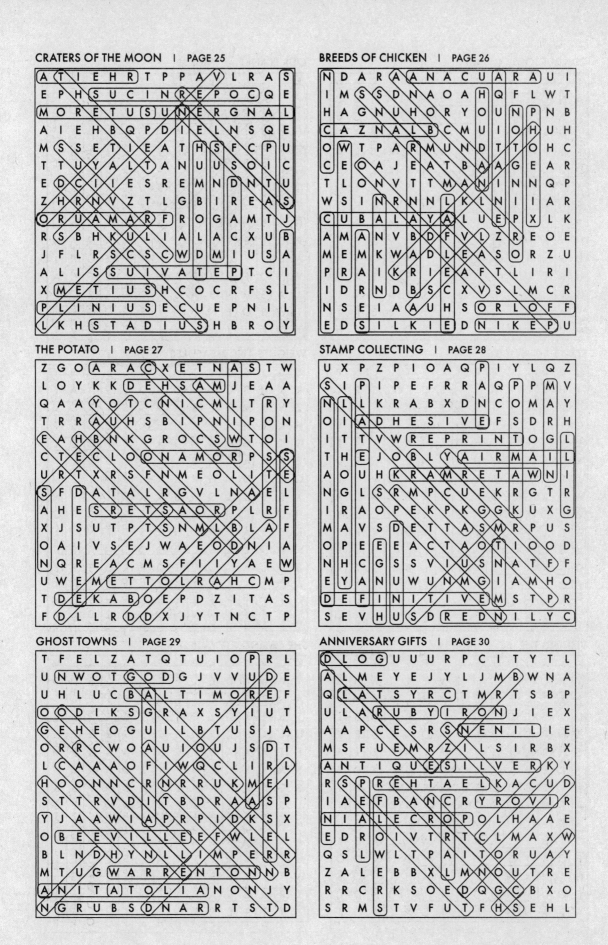

CONDUCTORS | PAGE 31

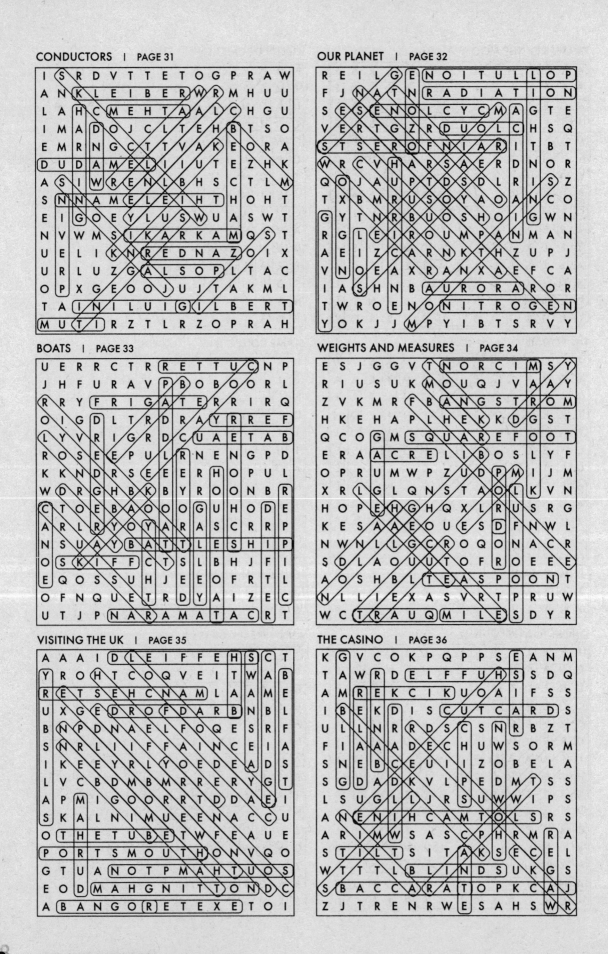

OUR PLANET | PAGE 32

BOATS | PAGE 33

WEIGHTS AND MEASURES | PAGE 34

VISITING THE UK | PAGE 35

THE CASINO | PAGE 36

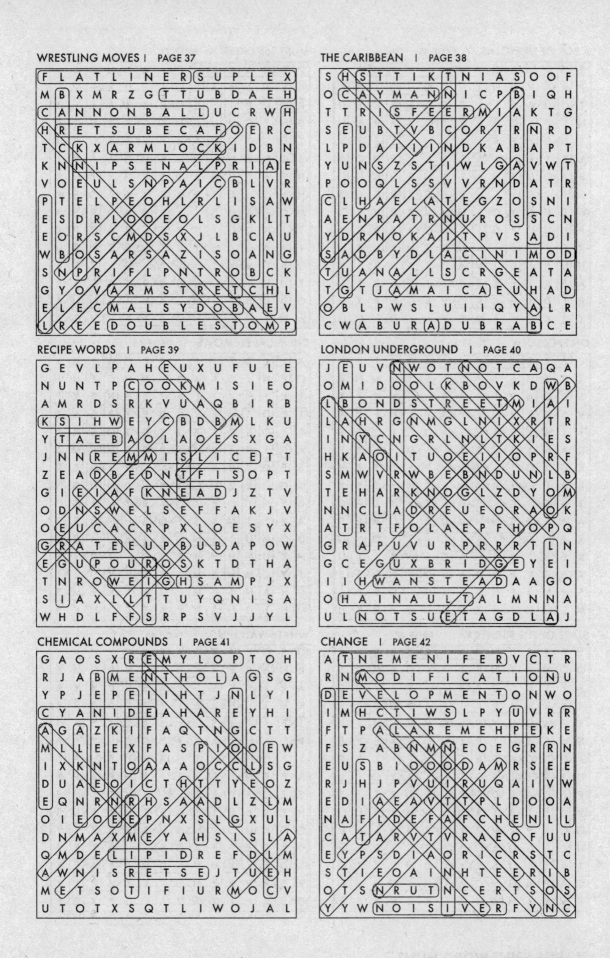

WRESTLING MOVES | PAGE 37

THE CARIBBEAN | PAGE 38

RECIPE WORDS | PAGE 39

LONDON UNDERGROUND | PAGE 40

CHEMICAL COMPOUNDS | PAGE 41

CHANGE | PAGE 42

A BOX OF CRAYOLAS | PAGE 43

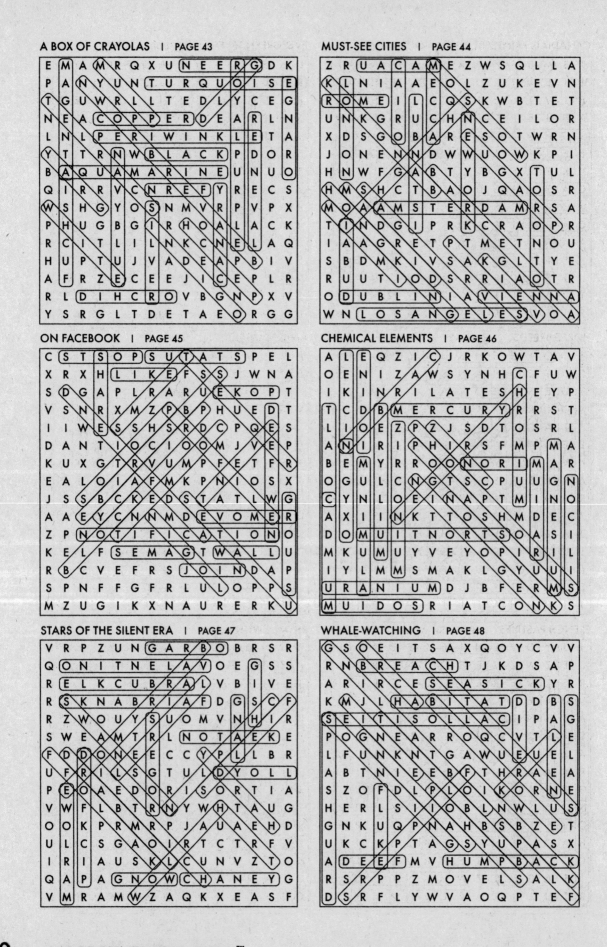

MUST-SEE CITIES | PAGE 44

ON FACEBOOK | PAGE 45

CHEMICAL ELEMENTS | PAGE 46

STARS OF THE SILENT ERA | PAGE 47

WHALE-WATCHING | PAGE 48

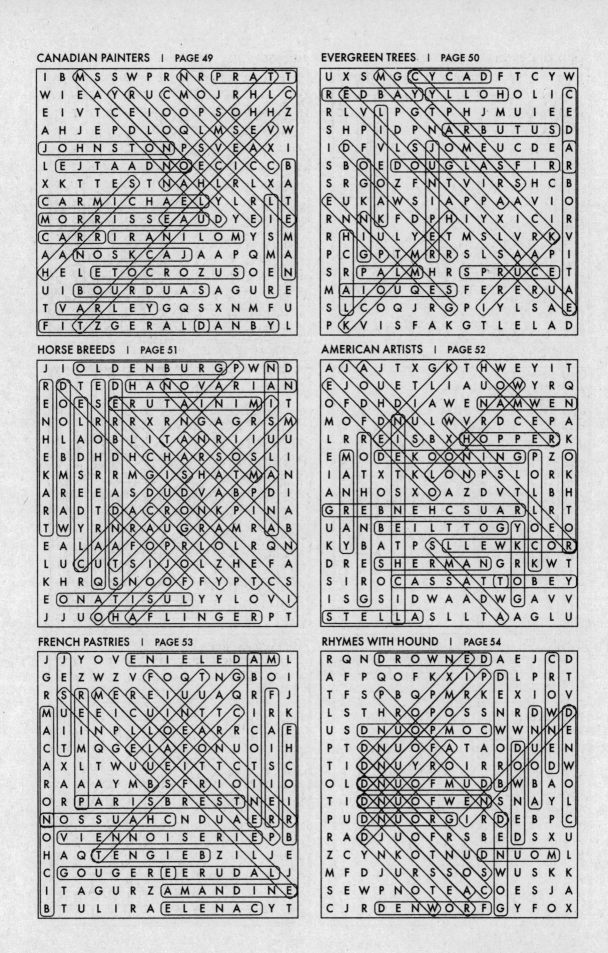

CANADIAN PAINTERS | PAGE 49

EVERGREEN TREES | PAGE 50

HORSE BREEDS | PAGE 51

AMERICAN ARTISTS | PAGE 52

FRENCH PASTRIES | PAGE 53

RHYMES WITH HOUND | PAGE 54

CONCERT SERIES | PAGE 55

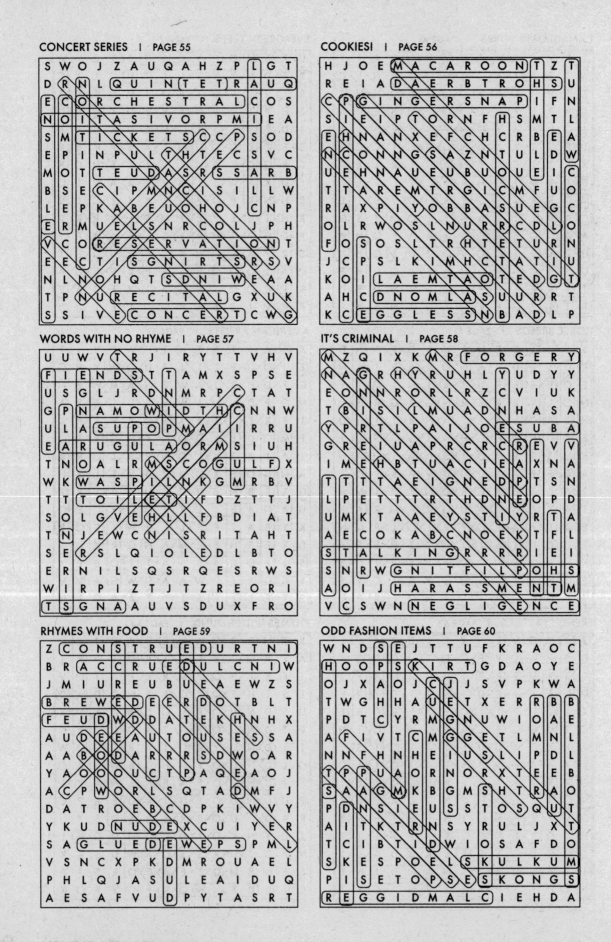

COOKIES! | PAGE 56

WORDS WITH NO RHYME | PAGE 57

IT'S CRIMINAL | PAGE 58

RHYMES WITH FOOD | PAGE 59

ODD FASHION ITEMS | PAGE 60

MUSHROOMS | PAGE 61

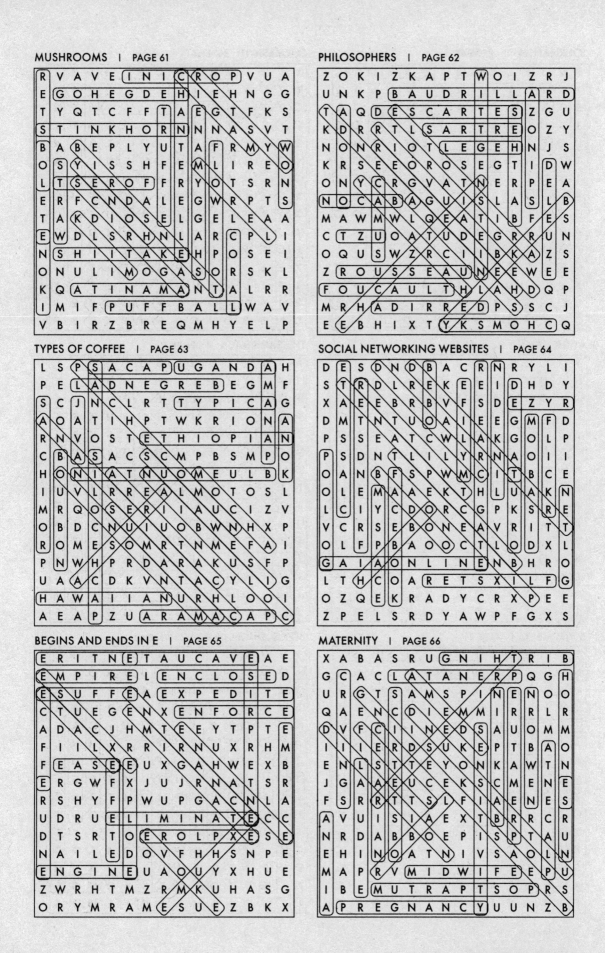

PHILOSOPHERS | PAGE 62

TYPES OF COFFEE | PAGE 63

SOCIAL NETWORKING WEBSITES | PAGE 64

BEGINS AND ENDS IN E | PAGE 65

MATERNITY | PAGE 66

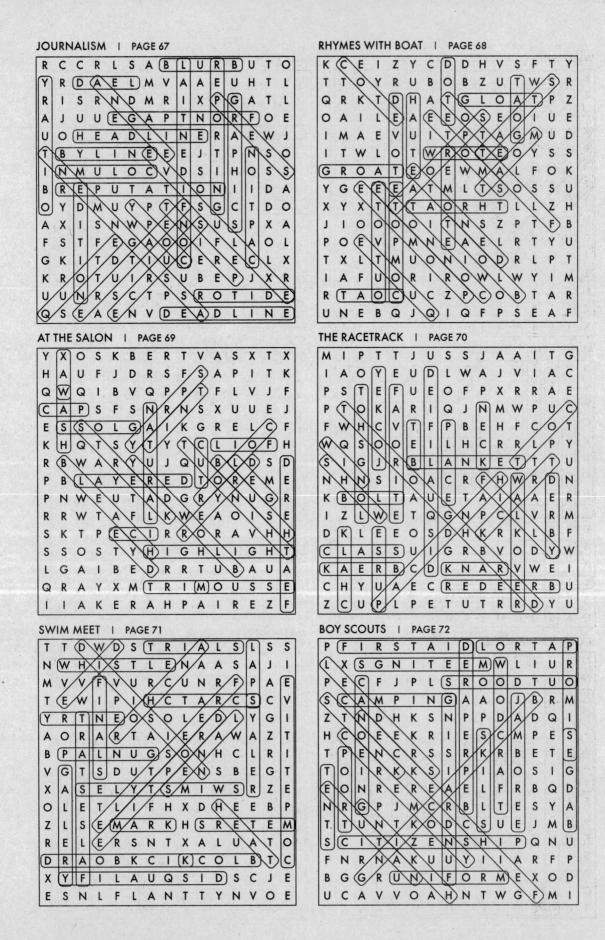

JOURNALISM | PAGE 67

RHYMES WITH BOAT | PAGE 68

AT THE SALON | PAGE 69

THE RACETRACK | PAGE 70

SWIM MEET | PAGE 71

BOY SCOUTS | PAGE 72

WHAT'S IN YOUR PURSE? | PAGE 73

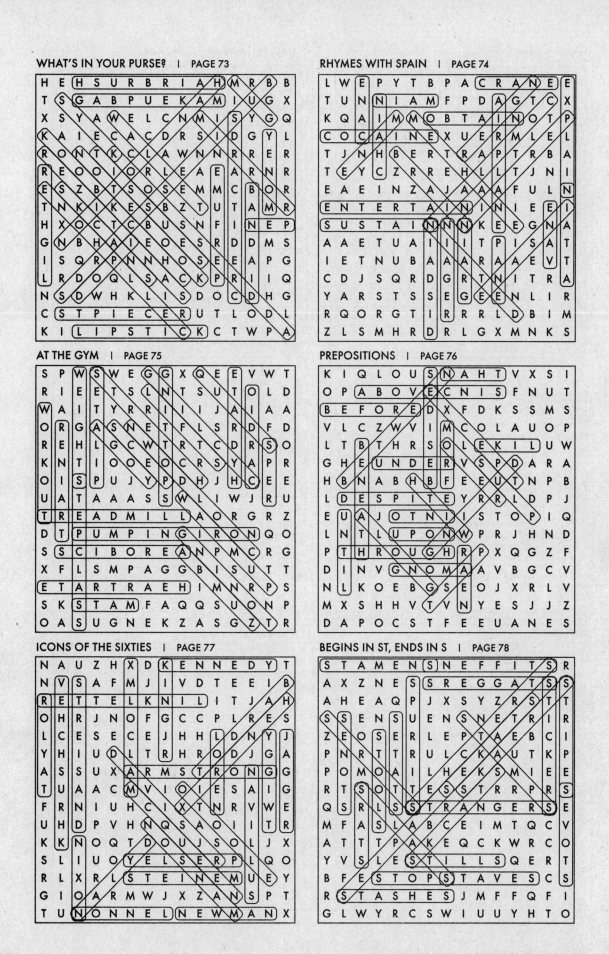

```
H E H S U R B R I A H M R B B
T S G A B P U E K A M I U G X
X S Y A W E L C N M I S Y G Q
K A I E C A C D R S I D G Y L
R O N T K C L A W N N R R E R
R E O O I O R L E A E A R N R
E S Z B T S O S E M M C B O R
T N K I K E S B Z T U T A M R
H X O C T C B U S N F I N E P
G N B H A I E O E S R D D M S
I L S Q R P N N H O S E E A P G
L R D O Q L S A C K P R I I Q
N S D W H K L I S D O C D H G
C S T P I E C E R U T L O D L
K I L I P S T I C K C T W P A
```

RHYMES WITH SPAIN | PAGE 74

```
L W E P Y T B P A C R A N E E
T U N N I A M F P D A G T C X
K Q A I M M O B T A I N O T P
C O C A I N E X U E R M L E L
T J N H B E R T R A P T R B A
T E Y C Z R R E H L L T L T I
E A E I N Z A J A A A A F U L N
E N T E R T A I N I N I E E I
S U S T A I N N N K E E G N A
A A E T U A I I I T P I S A T
I E T N U B A A A R A A E V T
C D J S Q R D G R T N I T R A
Y A R S T S S E G E E N L I R
R Q O R G T I R R R L D B I M
Z L S M H R D R L G X M N K S
```

AT THE GYM | PAGE 75

```
S P W S W E G G X Q E E V W T
R I E E T S L N T S U T O L D
W A I T Y R R I I I J A I A A
O R G A S N E T F L S R D F D
R E H L G C W T R T C D R S O
K N I I O O E O C R S Y A P R
O I S P U J Y P D H J H C E E
U A T A A A S S W L I W J R U
T R E A D M I L L A O R G R Z
D T P U M P I N G I R O N Q O
S C I B O R E A N P M C R G
X F L S M P A G G B I S U T T
E T A R T R A E H I M N R P S
S K S T A M F A Q Q S U O N P
O A S U G N E K Z A S G Z T R
```

PREPOSITIONS | PAGE 76

```
K I Q L O U S N A H T V X S I
O P A B O V E X C N I S F N U T
B E F O R E D X F D K S S M S
V L C Z W V I M C O L A U O P
L T B T H R S O L E K I L U W
G H E U N D E R V S P D A R A
H B N A B H B F E E U T N P B
L D E S P I T E Y R R L D P J
E U A J O T N I S T O P I Q
L N T L U P O N W P R J H N D
W T H R O U G H R P X Q G Z F
D I N V G N O M A A V B G C V
N L K O E B G S E O J X R L V
M X S H H V T V N Y E S J J Z
D A P O C S T F E E U A N E S
```

ICONS OF THE SIXTIES | PAGE 77

```
N A U Z H X D K E N N E D Y T
N V S A F M J I V D T E E I B
R E T T E L K N I L I T J A H
O H R J N O F G C C P L R E S
L C E S E C E J H H L D N Y J
Y H I U D L T R H R O D J G A
A S S U X A R M S T R O N G G
T U A C M V I O I E S A I G
F R N I U H C I X T N R V W E
U H D P V H N Q S A O I I T R
K K N O Q T D O U J S O L J X
S L I U O Y E L S E R P J X
R L X R L S T E I N E M U E Y
G I O A R M W J X Z A N S P T
T U N O N N E L N E W M A N X
```

BEGINS IN ST, ENDS IN S | PAGE 78

```
S T A M E N S N E F F I T S R
A X Z N E S S R E G G A T S S
A H E A Q P J X S Y Z R S T T
S S E N S U E N S N E T R I R
Z E O S E R L E P T A E B C I
P N R T T R U L C K A U T K P
P O M O A I L H E K S M I E E
R T S O T T E S S T R R P S
Q S R L S S T R A N G E R S E
M F A S L A B C E I M T Q C V
A T T T P A K E Q C K W R C O
Y V S L E S T I L L S Q E R T
B F E S T O P S T A V E S C S
R S T A S H E S J M F F Q F I
G L W Y R C S W I U U U Y H T O
```

DOUBLE RHYMES | PAGE 79

ASIAN LANGUAGES | PAGE 80

PREFIXES | PAGE 81

TALK SHOW HOSTS | PAGE 82

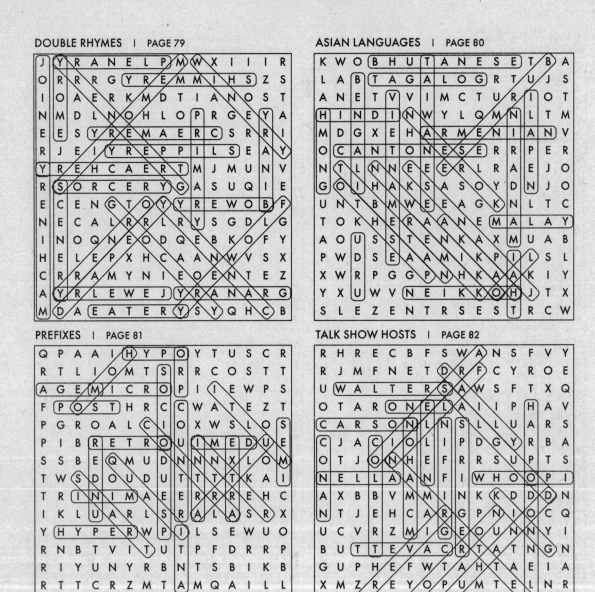